Heinrich Stephani

Anmerkungen zu Kants Metaphysischen Anfangsgründen

der Rechtslehre

Heinrich Stephani

Anmerkungen zu Kants Metaphysischen Anfangsgründen der Rechtslehre

ISBN/EAN: 9783744700412

Hergestellt in Europa, USA, Kanada, Australien, Japan

Cover: Foto ©Suzi / pixelio.de

Weitere Bücher finden Sie auf **www.hansebooks.com**

Anmerkungen

zu

Kants metaphysischen Anfangsgründen

der

Rechtslehre

von

Heinrich Stephani.

Erlangen,

bei Johann Jacob Palm. 1797.

Die Wahrheit ist ein allgemeines Gut, zu dessen Besitze ein jeder gelangen kann, und von dem niemand ausgeschlossen ist; als wer sich selbst davon ausschließt. Sie ist aber auch ein Gut, das so viele Schätze und Reichthümer in sich fasset, daß sich kein Mensch rühmen darf, dasselbe ganz zu besitzen.

Zollikofer.

Vorrede.

Zu dem theoretischen Interesse, welches die letzt in der philosophischen Welt zur
Tagesordnung gekommenen Untersuchungen über
das Naturrecht rege gemacht haben, gesellt sich
ein noch weit wichtigeres, das practische eines jeden Menschen, weil aus den Resultaten
derselben ersichtlich seyn dürfte, ob wir uns überhaupt einen völlig rechtlichen, unserer Bestimmung zur Sittlichkeit und Glückseligkeit genau
anpassenden Zustand erschaffen können; oder ob
die Vernunft bei dieser Aufgabe mit ihrem gesetzgebenden Vermögen nicht auszulangen vermag,
und man sich mithin schon begnügen muß, die
gewaltsüchtige Sinnlichkeit überall nur zu mil-
derer Herrschaft herabzustimmen.

Um des letztern Interesse willen, verdient
jeder, welcher Muth hat, öffentlich aufzutreten,
und das, was er durch reifliches Nachdenken
über diesen großen Gegenstand seinerseits aufge-

A 2

funden hat, zur gemeinschaftlichen Prü
fung vorzulegen, um so viel mehr eine gefällige
Aufnahme, als man bei diesen Debatten allen
Wettstreit um Ehre und Ruhm bei Seite legen
und seine ganze Aufmerksamkeit nur auf die zu
suchenden, wichtigen, Wahrheiten richten sollte.

Wenn ein Mann es wagt, nach einem
K a n t vor dem Publikum aufzutreten, und über
dieses grosse Thema mit besonderer Rücksicht auf
das mitzusprechen, was derselbe in seiner tiefsin-
nigen Sprache behauptet hat: so muß er auch
noch ausserdem bitten, wenigstens so lange er
redet, alle Autoritätsvorliebe abzulegen, und
nur allein der Wahrheit Ohr, Kopf und Herz
zu leihen.

Finden Männer, in der ächten Bedeutung
dieses Wortes, daß ich einen glücklichen Weg
zu derselben eingeschlagen habe: so wird dieser
gegenwärtigen Schrift bald mein System des
Naturrechts nachfolgen, welches schon seit gerau-
mer Zeit in meinem Pulte liegt.

Castell, den 1sten Merz 1797.

I.

I.

Titel: "metaphysische Anfangsgründe der Rechtslehre."

Metaphysik ist reine Vernunfterkenntniß nach Begriffen. Die Rechtslehre, in wie ferne sie
gleichfalls reine Vernunfterkenntniß nach Begriffen
aufstellt, ist nichts weiters, als ein Theil der Metaphysik, letztere als ein ganzes System gedacht.
Mithin scheinet in dieser Rücksicht das Beiwort meta-
physisch überflüssig zu seyn, weil keine empirische,
sondern nur eine metaphysische Rechtslehre möglich
ist. Aber Kant hat auch dieß Wort hier in ganz anderer Absicht beigefügt. Er wendet den Gebrauch der
alten Eintheilung von reiner und angewandter Ma-
thematik, reiner und angewandter Logik, auf alle
Theile der Philosophie an. Metaphysik der Sitten ist
ihm daher reine Philosophie der Sitten, die ohne
Rücksicht auf die besondern Eigenheiten der menschlichen Natur die Prinzipien für rein gedachte vernünf-

A 3   tige

tige Wesen aufstellt, und von der angewandten Sittenlehre unterschieden ist, welche jene Prinzipien auf
die empirisch erkannten Vernunftwesen anwendet.
Eben so gibt es auch eine reine Rechtslehre, welche,
die Prinzipien der Willkühr für freie, in einer Gemeinschaft überhaupt gedachte Vernunftwesen aufstellt,
und von der angewandten Rechtslehre wohl zu unterscheiden ist, welche jene Prinzipien auf die uns in
der Sinnenwelt gegebene Menschengesellschaft anwendet, und Rechtspraxis heißt, in wie ferne sie die
a priori aufgestellten Rechtsgrundsätze auf besondere
Erfahrungsfälle beziehet. Ob aber Kant diesem Begriff von einer reinen Rechtslehre treu geblieben ist,
und sich nicht oft zu viel in das Gebiet der angewandten Rechtslehre verirret hat, wollen wir den Lesern
zur Entscheidung überlassen. Nur so viel, dünkt uns,
könnten wir dreiste behaupten, daß diese Rechtslehre weit reiner ausgefallen seyn möchte, wenn
Kant nicht zu oft Rücksicht auf das Vorhandene
in der Welt gesehen hätte, weil man als Mensch gar
leicht verführet wird, dem einmahl angenommenen
Grundsatz "die bestehenden politischen Meinungen und
Formen möglichst zu schonen", aus Vorliebe manches einzuräumen, was man ausserdem nicht gethan
haben würde.

Daß

Daß übrigens Kant von der bisherigen Benennung dieser Wissenschaft (Naturrecht) auf dem Titel wenigstens abgehet, und, um mich sprichwörtlich auszudrücken, dem Kinde seinen rechten, von einer andern empirischen Wissenschaft bisher usurpirten Namen ertheilt, freuet uns um so viel mehr, als wir uns das Herz genommen haben, ohne vorgängige Autorität — die bei dem grossen Haufen der Leser mehr als die Wahrheit selbst gilt — unser nächstens erscheinendes Naturrecht schlechthin Rechtswissenschaft zu taufen. Auf die Einleitung dieses Werkes verweisen wir unsere Leser, welche sich von der Rechtmässigkeit dieses Verfahrens überzeugen wollen. Nur so viel hier, daß die bürgerliche Gesetzwissenschaft nicht mehr für Eins mit der Rechtswissenschaft gehalten werden darf, und von nun an ein Unterschied zwischen einem Rechtsgelehrten (jurisconsultus) und einem Gesetzgelehrten (legisconsultus) gemacht werden muß.

2.

Vorrede.

Was daselbst gleich von vornen herein von der Eintheilung der practischen Vernunftwissenschaft gesagt wird, bekommt einige Erläuterung

in

in der Folge, indem der ehrwürdige Verfaſſer die folgende Einleitung ausſchließlich dieſem Gegenſtande gewidmet hat.

Hier nur ein paar Worte über die Rechtfertigung Kants gegen Garve, unſern ſo allgemein beliebten Philoſophen *), welcher der Popularität bei philoſophiſchen Lehren das Wort zur rechten Zeit geredet hat. Wir ſind gleichfalls der Meinung zugethan, daß, was die practiſche Philoſophie betrifft, ſolche ſo popular (gemeinfaßlich) wie möglich vorgetragen werden müſſe; theils weil ſie vor der ſpeculativen Philoſophie dieſe Gemeinfaßlichkeit glücklicher Weiſe voraus hat; theils weil ſie dieſe Gemeinfaßlichkeit um ihrer Beſtimmung willen ausdrücklich zur Pflicht machet. Von dieſer Popularität bleibt aber auch derjenige Theil der Philoſophie, wie billig von Kant gefordert wird, völlig ausgeſchloſſen, welcher bloß ſpeculativ iſt, und ſich mit der Kritik des Vernunftvermögens ſelbſt, und der dahin gehörigen Fragen aus allen Theilen der Philoſophie beſchäftiget. Dahin gehören folglich auch die Unterſuchungen aus

dem

*) Der redendſte Beweis dieſer Allverehrtheit iſt wohl dieß, daß der von ihm aufgeſtellte politiſche Satz, "ein Regent könne als ſolcher nicht immer ſichtlich handeln", ſeinen Verdienſten nicht abgerechnet wurde.

dem Gebiete der Rechtslehre: über die Möglichkeit eines reinen Begriffes von Recht *a priori*; über die Befugniß, ihn in der Sinnenwelt geltend zu machen ꝛc. welche man eigentlich
in eine Kritik des Rechts verweisen muß, wenn
man eine, practische Rechtslehre liefern will, die
diesen Namen nicht bloß in scientivischer, sondern auch
in wirklich practischer Hinsicht verdienen soll. Letzteres ist um so mehr zu wünschen, da es niemahls
mehr als jetzt Bedürfniß ist, allen unsern Gelehrten
zuzurufen: Scire tuum Nihil est, nisi quod scis sci-
at et alter.

3.

Einleitung S. VI. "Die Gesetze der Freiheit heißen
zum Unterschiede von Naturgesetzen, moralisch.
So fern sie nur auf bloße äussere Handlungen und
deren Gesetzmässigkeit gehen, heißen sie juridisch;
fordern sie aber auch, daß sie (die Gesetze) selbst Be-
stimmungsgrunde der Handlungen seyn sollen, so sind
sie ethisch, und alsdann sagt man: die Uebereinstimmung mit den ersteren ist die Legalität, die
mit den zweiten die Moralität der Handlung.

Das Wort moralisch ist hier in der weitern
Bedeutung genommen, nach welcher es für rein

B 5 prac-

practisch gesetzet wird. Unsere Vernunft wird practisch genannt, sobald sie dem Handlungsvermögen
Regeln vorschreibt. Nun hat sie bei diesem Gesetzge-
bungsgeschäffte entweder ein sinnliches Wesen vor
sich, dem sie Beistandsweise Regeln der Geschicklich-
keit vorschreiben soll, wie es seine Absichten in der
Sinnenwelt erreichen kann. In diesem Falle muß sie
daher die Erfahrung zu Hülfe nehmen, und wird
eben deswegen die empirisch-practische Vernunft genannt. Ganz anders verhält sie sich, wenn sie als
reine practische Vernunft Gesetze gibt; denn da hat
sie es bloß mit vernünftigen Naturen zu thun, die
keinen andern Zweck haben, als in steter vollkommener Uebereinstimmung mit sich selbst zu handeln.

Nun entstehet die Frage von der Anwendung dieser reinen Gesetzgebung auf das in der Sinnenwelt
existirende und mit sinnlicher Natur vereinigte Vernunftwesen, welches Mensch genannt wird. Und hier
ist es, wo sie sogleich in mehrere Departements
vertheilet wird. Kant gehet bei dieser Trennung von
den beiden Formen des äussern und innern Sinnes
aus. Diejenigen Handlungen, welche unter der Form
des Raums erscheinen (äussere Handlungen) machen
das juridische; diejenigen, welche unter der Form
der

der Zeit erscheinen (und dahin gehören sowohl die
äussern als innern Handlungen) machen das e t h i s c h e
Gebiet aus. Die äussern Handlungen haben mithin
eine doppelte Seite, je nachdem man ihre Rechtmässigkeit oder ihre Sittlichkeit in Betrachtung
sieht.   Folglich gibt es für äussere Handlungen auch
eine doppelte Gesetzgebung der reinen practischen Vernunft.

Warum dieß so ist, davon sagt K a n t kein Wort.
Daß K a n t davon kein Wort sagt, ist sehr merkwürdig, und es scheint der Mühe werth zu seyn, die
Ursache davon zu entdecken. Mit Bescheidenheit und
mit voller Achtung gegen diesen wahrhaft grossen
Mann theilen wir den Lesern hierüber unsere Meinung aufs freimüthigste mit.

K a n t war sein ganzes Mannesalter hindurch
mit Besiegung des Humischen Steptizismus beschäfftiget. Dieser langen und sauern Arbeit verdanken wir
eine bisher ganz gefehlte Wissenschaft, die Ver-
nunftkritik, ohne welche alles Philosophiren keinen
Grund hat. In derselben hat er sowohl die Möglichkeit und Grenzen einer reinen theoretischen Philosophie dargethan als auch das Daseyn einer reinen
prac-

practischen Vernunft bewiesen. — Die entferntesse Nach-
welt wird noch den eisernen Fleiß und den ausdauern-
den Muth dieses großen Mannes bei diesem mühevol-
len Geschäffte bewundern. Kein Wunder, daß sein
Kopf endlich darüber ergraute, zumahl da er, um
Gehör zu finden, und sich seinen Zeitgenossen verständ-
licher zu machen, so manche schriftstellerische Hülfsar-
beiten übernehmen mußte. Nahe lag nun noch seinem
Herzen die Erbauung seines Lieblingstheiles, der
practischen Philosophie, und ob er gleich selbst zwei-
felte, ob er diese Arbeit würde vollenden können: so
versprach er doch seinen dankbaren Zeitgenossen, den
Rest seines heiligen Lebens der Aufstellung des von
ihm neu gegründeten Systems der Sittenlehre zu
widmen.

Hierbei scheint es, daß er eigentlich nur die
Tugendlehre im Sinne gehabt hat; denn man findet in seinen vorhergehenden Schriften keine Spur,
daß er sich mit der Kritik der rechtlichen Gesetzgebung beschäftiget habe. Immer hat er nur die ethische Gesetzgebung vor Augen. Bei Eintheilung der
Pflichtenlehre mußte Er aber nothwendig auf die
Pflicht der Gerechtigkeit stoßen, welche durchaus auf
eine andere Gesetzgebung hinweist, die nur in der
Moral ethische Sanktion erhalten d. h. unter die

Be-

Beſtimmungsgründe der Handlungen aufgenommen
werden ſoll.

Anſtatt nun ſich Zeit zu nehmen, um die nothwendige Urſache dieſer doppelten Geſetzgebung aufzu-
ſtellen; gehet Er ſogleich von dem Factum aus: es
gibt eine doppelte Geſetzgebung in Rückſicht der äuſſern Handlungen; und zählt nur die Merkmahle auf,
wodurch ſich beide zwar ſehr gut unterſcheiden laſſen,
aber doch nicht ſo deutlich und gemeinfaßlich, als
dieß der Fall iſt, wenn man von dem Urſprunge der
Trennung beider Reiche ausgehet. Hierüber werden
wir einige Aufſchlüſſe in einer der folgenden Anmerkungen geben, und uns hier nur noch auf folgendes
unſern Schriftſteller betreffendes einſchränken.

Aus dem bisher Geſagten iſt es nur allein erklärbar, warum Kant die Rechtslehre, welche doch
eine eigene Geſetzgebung der reinen practiſchen Vernunft iſt, der Moral, folglich der ethiſchen Geſetzgebung als Theil unterordnet, da ſie doch beide
von ganz verſchiedener Art ſind, obgleich beide die
reine practiſche Vernunft zur Quelle haben.

Eben daher kommt es auch, daß Kant in unſerer Stelle verleitet wurde, dem Worte Legalität

eine

eine falsche Bedeutung unterzuschieben. Legalität
heißt überhaupt in der Philosophie äussere Uebereinstimmung unserer Handlungen mit den rein practischen Vernunftgesetzen. Da nun diese von doppelter
Art sind, so gibt es auch eine doppelte Legalität der
äussern Handlungen, nämlich eine äussere Uebereinstimmung mit ethischen und mit Rechtsgesetzen. Folglich ist es unrichtig, wenn Kant die
Legalität nur als die Uebereinstimmung unserer Handlungen mit den juridischen Gesetzen angibt. An
vielen Orten seiner andern Schriften nennt er daher
auch selbst die äussere Uebereinkunft der Handlungen
mit den Pflichtgeboten gleichfalls Legalität.

Einleitung S. XVI. "Rechtslehre und Tugendlehre
   unterscheiden sich also nicht sowohl durch ihre verschiedene Pflichten, als vielmehr durch die Verschiedenheit der Gesetzgebung, welche die eine oder die ande-
   dere Triebfeder mit dem Gesetze verbindet."

Die zweite Hälfte dieser Periode ist durchaus
wahr. Eine andere Gesetzgebung ist die rechtliche,
eine andere die ethische. Jene macht den Zwang
zur Triebfeder bei Befolgung ihrer Gesetze; diese die

Idee

Idee von Pflicht. Aber diese und noch einige andere
angegebene spezifische Merkmahle sind bloß äusser-
liche durch Vergleichung beider entstandene Merkmahle. Man sieht also auch hieraus, wie sehr es
dieser große Philosoph vermieden hat, zu den innern Merkmahlen (oder den selbstständigen, nicht
erst einer Vergleichung bedürfenden Karalteren) beider Gesetzgebungen zu kommen, was durchaus nicht
geschehen konnte, ohne zu dem Ursprunge derselben hinaufzusteigen. — Damit wir unsere Leser nicht
länger in ihrer Erwartung von dem aufhalten, was
wir in der vorigen Anmerkung versprochen haben: so
wollen wir ihnen hier ganz kürzlich unsere Meinung
über diesen wichtigen Gegenstand zur gefälligen Prü-
fung vorlegen.

Das Subjekt, auf welches die Gesetzgebung der
reinpractischen Vernunft in Anwendung gebracht werden soll, ist der Mensch. Hiermit ist das Gebiet dieser Gesetzgeberin aus dem bloß intelligibeln Reiche in
die Sinnenwelt versetzt. Auf diesem neuen Schaupla-
tze finden sich ein Paar Umstände, welche die Praxis
ihrer Gesetzgebung sehr beschränken. Erstlich ist der
Mensch als Sinnenwesen dem Gesetze der Kausalität
unterworfen und ob gleich sein Wille eine natürliche

Mit-

Miturſache der Sinnenwirkungen werden kann, indem er durch denſelben die Urſache von der Wirklichkeit der Gegenſtände ſeiner Vorſtellungen wird, ſo
iſt doch dieſes ſein Reich phyſiſcher Wirkſamkeit (natürlicher Willkühr) ſehr klein. Folglich iſt ſchon hierdurch das mögliche Gebiet der Geſetzgebung ſehr be-
ſchränkt. Zweitens findet ſich der noch in weit vor-
züglicher Rückſicht bemerkungswerthe Umſtand, daß
die Vernunft hier kein iſolirtes Vernunftsweſen, ſondern mehrere derſelben findet; welche in natürlicher Geſellſchaft, d. h. in dem Zuſtande wech-
ſelſeitiger Einwirkung leben. Will die Vernunft ihre Geſetzgebung realiſiren, ſo muß ſie vor
allen Dingen den Anfang damit machen, jedem derſelben in dieſem unvermeidlichen geſellſchaftlichen Verhältniß ein Territorium für jedes Willkühr abzuſtecken.
Dieſes kann ſie aber nicht bewerkſtelligen, ohne ſelbſt
jedem das Reich der Willkühr einzuſchränken. So
wie die Natur vorher ſchon derſelben Schranken ge-
ſetzet hat, ſo iſt ſie hierdurch genöthiget, ſich ſelbſt
auch noch engere Grenzen zu ſetzen.

Ehe ſie dieſe geſellſchaftliche Geſetzgebung
zur Beſtimmung des jedem in der Sinnenwelt zuſtän-
digen Gebietes ſeiner Freiheit oder Unabhängigkeit
vor-

vorgenommen hat, kann sie nicht zur ethischen Gesetzgebung schreiten, weil ihre Gesetzgebung nur für
freie Wesen tauglich ist. Daß diese gesellschaftliche
oder rechtliche Gesetzgebung der ethischen voran gehen müsse, kann man auch daraus sehen, daß man in
der letztern sich auf jene beruft, wenn dem Menschen Gerechtigkeit zur Pflicht gemacht wird, was
ganz unsinnig seyn würde, wenn die Vernunft nicht
schon dargethan hätte, welches das Reich der Befugnisse sey, welches jeder Mensch nach dieser Pflicht
respectiren soll. Daher, im Vorbeigehen gesagt, wir
auf keine vernünftige Weise hoffen können, daß die
Menschen unter sich gerechter werden, so lange nicht
ihre Vernunft dahin geleitet wird, vor allen Dingen
die Grenzen ihrer gegenseitigen Rechte und Verbindlichkeiten (oder was gerecht seyn heiße) kennen zu
lernen.

Nachdem die rechtliche Gesetzgebung vollen-
det, und mithin jedem ein unabhängiges Territorium zugemessen ist, worauf er eigener Herr (sui
juris) ist; kann erst die ethische vorgenommen
werden, deren Geschäffte nunmehr darin bestehet:
jedem Menschen auf seinem Territorium Gesetze zu geben, dem alle seine freien Handlungen entsprechen
müssen, wenn er als ein reinvernünftiges Wesen
B hans

handeln will. Woraus denn zugleich der, selbſtſtändi-
ge Karakter einer jeden dieſer beiden Geſetzgebungen
hervorgehet.

Jetzt wiſſen wir nicht nur, daß die rechtliche
Geſetzgebung nur auf äuſſere Handlungen gehen kann,
ſondern ſehen auch den Grund davon ein, welcher kein anderer als der natürliche iſt, weil wir
mit den andern Menſchen nur durch äuſſere Handlungen (die unter der Form des Raumes erſcheinen) in
unmittelbarer Verbindung ſtehen; hingegen grenzen
wir mit unſern innern Handlungen an keinen Nachbar unmittelbar an.

Jetzt ſehen wir auch den Grund ein, warum
ungerechte Handlungen auch unſittlich ſind. Wir ſollen mit unſerer phyſiſchen Kraft auf unſerm Territorium bleiben, das uns die Vernunft abgemeſſen hat.
So wie wir darüber hinaus in das unmittelbar dar-
anſtoſſende Gebiet unſerer Nachbarn ſchreiten, ſo verletzen wir die allgemeine geſellſchaftliche Konſtitution,
worauf die Freyheit aller und unſerer beruhet, und
durch deren Umſturz mithin auch die für die ſittliche
Wirkſamkeit unumgänglich nöthige Bedingung unmöglich gemacht wird. Aufhebung der konſtitutionellen geſellſchaftlichen Freiheit iſt der Sittlichkeit Tod. Dazu

beitragen, heißt seine eigene Sittlichkeit mit morden helfen.

Ferner ist hieraus die merkwürdige Erscheinung, welche so lange unsern juridischen Philosophen ein Stein des Anstosses war, überaus erklärbar: warum manche Handlung sittlich verboten, und doch gerecht ist. So z. B. haben wir das Recht, unsern Schuldner zu nöthigen, das ihm geliehene Kapital zur bestimmten Zeit zurückzuzahlen, wenn auch die Sittlichkeit es uns in dem Falle verbietet, wenn diese Zurückforderung eben nicht nothdürftig für uns ist, und gleichwohl, wenn wir auf unserm Rechte bestehen, der Ruin des Schuldners davon abhängt. Diese rechtliche Forderung ist ein Theil unseres unabhängigen Gebietes, auf welchem die Vernunft erst die Sittlichkeit unserer Handlungsweise abzuwägen hat. Aber nicht immer betreffen Sittenverbote rechtliche Handlungen, sondern auch ungerechte, in welchem Falle zu der äussern Triebfeder (dem Zwange) noch eine innere, die der Pflicht, hinzukommt. Nicht also, wie es mit den vom Sittengesetz verbotenen Handlungen beschaffen ist, die entweder in das zuständige oder fremde Gebiet fallen, ist es mit den gebotenen und erlaubten Handlungen beschaffen, weil die Vernunft bei der sittlichen Gesetzgebung über die

B 2   Ge-

Grenzen des jedem zuständigen Privatreiches nicht
hinausgehen kann, mithin kann sie nichts erlauben
oder gebieten, was über das rechtliche Gebiet hin-
ausgehet, wohl aber, was in demselben lieget.
Folglich sind alle gebotene und erlaubte Handlungen
nur gerecht.

Noch wichtigere Vortheile, als alle diese aufge-
zählten, leistet diese Darstellung der ursprünglichen
Trennung beider Gesetzgebungen, und des eigentlichen Bedürfnisses einer rechtlichen bei Aufstellung des
höchsten Prinzips desselben, wie jeder von selbst ab-
nehmen kann, weil das hierzu erforderliche Gesetz
weit leichter angegeben werden kann, wenn das zu
regulirende Factum bestimmt vorgeleget wird, als
wenn man hierbei noch in einiger Dunkelheit mit sich
selbst schwebet. Doch um nicht zu weitläufig zu werden, müssen wir die weitere Anwendung hiervon
auf eine der nächsten Anmerkungen versparen. Jetzt
nur noch einiges über die erste Hälfte des Perioden,
welchen wir zum glossiren herausgehoben haben.

Die Rechtslehre und Tugendlehre, behauptet
Kant, unterscheiden sich nicht durch ihre verschiedene
Pflichten. Dieß ist nur in so ferne wahr, als Kant
da-

damit sagen will, die Rechtspflichten (rechtlichen Verbindlichkeiten), seyen auch Tugendpflichten, weil das
Sittengesetz uns zu deren Erfüllung durch das Gene-
ralgebot, sei gerecht, anweiset. Aber nicht wahr
wäre es, wenn dieser etwas undeutliche Satz folgende Behauptung enthalten sollte: daß in beiden verschiedenen Wissenschaften einerlei Pflichten gelehret würden, denn da hörten eben hierdurch beide Wissenschaften auf, verschiedene Wissenschaften zu seyn.
Folglich hat Kant die populäre (gemeinfaßliche)
Darstellung seines Gedankens nur nicht zu Gebote ge-
standen, nach welcher dieser Satz lauten muß: die
Pflichten, welche die Rechtslehre und die Tugendlehre
mit einander gemein haben (z. B. sein Verspre-
chen zu halten) sind in dem Aeussern der Handlungen
nicht so wohl als in den Bestimmungsgründen derselben verschieden, weil dort (in der Rechtslehre) der-
Zwang und hier (bei der ethischen Gesetzgebung) die
Pflicht selbst zur Triebfeder gemacht wird.

[handschriftliche Notizen]

Einleitung S. XXIV. "Ueberhaupt heißen die verbindenden Gesetze, für welche eine äussere Gesetzgebung
möglich ist, äussere Gesetze (leges externae). Unter
diesen sind diejenigen, zu denen die Verbindlichkeit

B 3   auch

auch ohne äussere Gesetzgebung, a priori durch die Vernunft erkannt werden kann, zwar äussere, aber natürliche Gesetze; diejenigen dagegen, die ohne wirkliche äussere Gesetzgebung gar nicht verbinden (also ohne die letztere nicht Gesetze seyn würden) heißen positive Gesetze. Es kann also eine äussere Gesetzgebung gedacht werden, die lauter natürliche Gesetze enthielte; alsdann aber müßte doch ein natürl. Gesetz vorausgehen, welches die Autorität des Gesetzgebers (d. i. die Befugniß, durch seine bloße Willkühr andere zu verbinden) begründet."

Zu den natürlichen Gesetzen, sagt Kant in dieser Stelle, findet eine Verbindlichkeit statt, wenn solche auch nicht in eine äussere Gesetzgebung aufgenommen sind. Darauf behauptet er, daß eine äussere Gesetzgebung gedacht werden kann, die lauter natürliche Gesetze enthielte. Und gleichwohl beschreibt er die Gesetze der äussern Gesetzgebung als solche, welche keine Gesetze seyn würden, wenn sie nicht als Gesetze äusserlich aufgestellt sind. Dieß ist widersprechend; denn wenn diese in einer äussern Gesetzgebung aufgestellten Gesetze, natürliche Gesetze sind, so sind und bleiben diese, auch ohne Rezeption in jene, verbindende Gesetze. — Die Schwierigkeit mit Widersprüchen, die man bei Eintheilungen findet, lässet uns immer mit Gewißheit darauf schließen, daß vor-
der-

derselben eine unrichtige Zusammensetzung vorgegangen ist, wodurch gerade die gewünschte Absonderung erschweret wird. In dem vorliegenden Falle mußte dieses Schicksal auch unsern Philosophen treffen, weil er seinem in der [Randglosse ꝛ. angeführten Grundsatze zu Folge, die herrschenden, und folglich allgewaltigen Meinungen möglichst zu schonen, der alten Eintheilung der Gesetze in natürliche und positive beibehalten und doch mit beiden einen vernünftigen Sinn verbinden wollte.

Die sogenannten natürlichen und positiven Gesetze lassen sich nicht von einem gemeinsamen genus abkeiten, unter welchen sie als zwei Geschwisterarten stehen. Man thut den letztern allzuviele Ehre an, wenn man ihnen mit den erstern einerlei Ursprung zuschreibt. Beide haben zwar einerlei Namen (Gesetze) sind aber ihrem Wesen noch himmelweit verschieden. Die gemeinsame Mutter von ihnen ist keinesweges die objectivgültige Gesetzgebung für das äussere Reich der Gemeinschaft. Die sogenannten natürlichen Gesetze sind Producte der Vernunft, die positiven h ngegen Producte der menschlichen Willkühr. So sehr als die Worte gültig (was geltenswürdig ist) und geltend (was in praxi bestehet) unterschieden

B 4   sind

sind, so sehr stehen die Bedeutungen von jenen beiden Ausdrücken von einander ab.

Wer richtig eintheilen will, der muß seine erste Sorge seyn lassen, vor allen Dingen richtig zusammen zu setzen. Wir gehen daher von der Musterung der so sehr verschiedenen Gesetze aus, die in der vorliegenden Stelle schon zusammengesetzt betrachtet werden.

Diejenigen Gesetze, welche die Vernunft aufstellt, um jedem Menschen in dem Reiche der Gemeinschaft (in der Sinnenwelt) sein unabhängiges Gebiet zu bestimmen, heißen Rechtsgesetze im eigentlichen Sinne des Wortes, weil durchaus nichts in der Welt recht oder unrecht seyn kann, als was von diesem kompetenten Richter der Vernunft, allein dafür erkläret wird.

Diejenigen Formeln, welche die Menschen bei Vereinigung ihrer Macht zur Ausführung gewisser Zwecke aufstellen, um dadurch anzuzeigen, welchen Handlungen sie von ihrer Seite Nothwendigkeit zuschreiben, heißen zwar auch Gesetze; sie können aber mit nichten Rechtsgesetze genannt werden, weil das

Recht

Recht von keinem menschlichen Willen hervorgebracht
werden kann, sondern ewiger, selbstständiger Natur
ist. Denn wenn das erstere wäre, so würde daraus
folgen, daß es in keinem Staate ungerechte Gesetze
gäbe; ja, da die Gesetze in mehrern Staaten oft einander widersprechend sind, daß recht auch unrecht,
und unrecht recht seyn könnte. Wenn folglich auch
die Gesetze einer bürgerlichen Gesellschaft zur Absicht
haben, dasjenige aufzustellen, was mit dem unwandelbaren Prinzip des Rechts übereinkommt, und
wenn es ihnen auch gelingen sollte, (was aber bei dem
bisherigen mangelhaften Anbau dieser Wissenschaft ein
wirkliches Wunder seyn würde) nichts anders zu enthalten, als was mit jenem Prinzip übereinkommt:
so sind doch diese Gesetze — welche nur Ausdruck
des vereinten Willens der Menschen sind, [mit den
Vernunftgesetzen, welche über Recht und Unrecht
entscheiden, nicht für einerlei zu halten, da sie ge-
nerisch ganz verschieden sind.

Man glaube nicht, daß dieß eine bloß für die
Schule nützliche Distinction sey, sondern sie ist für
die Menschenwelt selbst von der allergrössesten Wichtigkeit. Denn eben darin, daß man die Rechtsgesetze, und die öffentlichen Gesetze irgend eines Staa-

B 5

tes; die Rechtswissenschaft und die bürgerliche Gesetzwissenschaft u. s. w. bisher für einerlei hielt, liegt
der Grund, daß man in der eigentlichen Kenntniß
des Rechts nicht weiter kam, sondern sich immer,
wenn davon die Frage vorkam, bloß bei den öffentlichen Gesetzen Raths erholte; da doch die Fragen
ganz verschieden sind: was in einem Lande gilt oder
gesetzmäßig ist; und was von der Vernunft für gültig oder recht erkläret wird. Die erstere Frage gehet
nur den Gesetzgelehrten, die zweite, den eigentlichen wahren Rechtsgelehrten an.

Es kann nur Eine Rechtswissenschaft geben, so
wie es auch nur Eine Philosophie, Eine Religion
u. s. w. gibt. In jener werden die Rechtsgesetze,
so wie in der Moral, die Sittengesetze aufgestellt.
Nichts mit ihnen gemein haben die bestehenden bürgerliche Gesetze als den letztern Namen, und können
daher weder mit jenen identisch gelten, noch wegen
ihrer verbindenden Kraft einander gegen über gestellt
werden. Letzteres können sie nur, in wie ferne sie
einerlei Object — Grenzbestimmung der menschlichen
Befugnisse haben.

Die richtige Eintheilung der über die Grenzbestimmung der menschlichen Freiheit vorhandenen Ge-
se-

ſetze iſt daher die folgende: in Rechtsgeſetze, welche die Vernunft zur Geſetzgeberin hat; und in bürgerliche Geſetze, die von irgend einer bürgerlichen Geſellſchaft gegeben ſind. Letztere ſind bloſſe Producte der Willkühr, die nur in dem Grade verdienen vollkommen genannt zu werden, als ſie in immer gröſſere Uebereinſtimmung mit den erſtern gelangen.

Dieſe Benennung dünkt uns ganz zweckmäßig zu ſeyn, denn ſie drückt das Eintheilungsverhältniß beider ganz deutlich aus. Was ſollen wir aber nach dieſen Bemerkungen noch über die alte Eintheilung der Geſetze und Rechte in natürliche und poſitive ſagen? Dem natürlichen iſt nur das Unnatürliche und Künſtliche entgegen geſetzt; dem poſitiven das negative. Beide Ausdrücke ſind noch in den Zeiten der Kindheit des menſchlichen Verſtandes entſtanden, wo ſie auch in einer ganz andern, nunmehr veralterten Bedeutung galten. Es iſt daher wohl überflüſſig, noch etwas hinzuzufügen, um die Nothwendigkeit ihrer Abſchaffung zu beweiſen. Das reifere Zeitalter wird ſie von ſelbſt mit den zweckmäſſigern Benennungen vertauſchen, und damit die Fortſchritte in ſeinen männlichen Einſichten bezeichnen.

Wir

Wir hoffen daher, allen unſern Leſern beſto ver-
ſtändlicher zu ſeyn, wenn wir in der Folge die richti-
gern Ausdrücke gebrauchen. Recht, rechtmäſſig, werden wir immer dem Geſetzmäſſigen (was in irgend
einem Staate für recht gehalten wird) entgegen
ſetzen. Und ſo bei allen hierher gehörigen, auch
oben ſchon in dieſer Bedeutung eingrführten Wörtern.

6.

Einleitung XXXI. "Der Inbegriff der Geſetze, für
welche eine äuſſere Geſetzgebung möglich iſt, heißt
die Rechtslehre (jus). Iſt eine ſolche Geſetzgebung wirklich, ſo iſt ſie Lehre des poſitiven
Rechts und der Rechtskundige derſelben, oder
Rechtsgelehrte (jurisconsultus) heißt Rechtserfah-
ren jurisperitus), wenn er die äuſſern Geſetze auch
äuſſerlich d. i. in ihrer Anwendung auf in der Erfahrung vorkommende Fälle kennt, die auch wohl
Rechtsklugheit (jurisprudentia) werden kann,
ohne beide zuſammen aber bloſſe Rechtswiſſenſchaft (jurisfcientia) bleibt. Die letztere Benennung kommt der ſyſtematiſchen Kenntniß der natürlichen Rechtslehre (jus naturae) zu, wiewohl der
Rechtskundige in der letztern zu aller poſitiven Geſetzgebung die unwandelbaren Prinzipien hergeben muß".

Wie

Wie Kant hier dazu gekommen ist, dem Naturrecht seinen eigenthümlichen Namen Rechtswissenschaft
zu geben, und doch denjenigen, der in dieser heiligen Wissenschaft ganz unbewandert seyn kann, wenn
er nur die in irgend einem Lande geltenden Gesetze
kennt, einen Rechtsgelehrten, und wenn er
nicht die ewigen Rechtsprinzipien, sondern nur die
öffentliche Gesetze eines Staates durch Uebung auf
vorkommende Fälle wohl anzuwenden weiß, Rechts-
erfahren schelten kann, ist nur aus den vorigen
Bemerkungen erklärbar. Kant hat einmahl der bis
jetzt noch herrschenden Meinung gehuldiget, daß die
empirischen Gesetze d. i. diejenigen, welche in irgend
einem Staate aufgestellet, und mithin uns durch die
Erfahrung gegeben sind, und die Gesetze a priori
über das allgemeine gesellschaftliche Verhältniß der
Menschen beide zu einer Gattung, zu objectiv gültigen Gesetzen gehören; wohin jedoch die bürgerlichen
Gesetze, welche nur subjectiv gültig sind, nicht gehören können, indem sie, wenn sie auch wirklich
gerechte Gesetze sind, d. i. mit den unwandelbaren
Prinzipien des Rechts übereinstimmen, und mithin
deßwegen objective Gültigkeit haben, doch, ihrer Form
wegen, nur subjective Gültigkeit haben, d. h. nur in
dem Bezirke gelten, so weit die Grenzen der Macht
irgend eines Staates sich erstrecken.

Ich

Ich kann das Verhältniß der Rechtswissenschaft (jurisscientia) und der Gesetzwissenschaft (legisscientia) d. i. die systematische Kenntniß der in irgend einem Staate geltenden — zur Richtschnur der vereinigten Beistandsmacht dienenden — Gesetze, mit nichts andern besser vergleichen, als mit dem Verhältniße der Maximen zu den Gesetzen in der practischen Philosophie; weil im Grunde die öffentlichen Gesetze für die vereinigten mehreren Subjekte eben das sind, was Maximen für das einzelne Subject, nämlich Grundsätze, nach welchen eine Nation ihre vereinte Macht gebraucht oder handelt, und die eben deßwegen nur zufällig und subjectiv gültig sind. Die Rechtsgesetze, im Gegensatze der bürgerlichen Gesetze, hingegen haben objective Gültigkeit für alle Staaten, wenn sie auch nicht befolgt werden. So wie man daher die Sittenformel also ausdrücket: handle nach solchen Maximen, von denen du wollen kannst, daß sie jederzeit zugleich als Prinzip einer allgemeinen Gesetzgebung gelten können; so kann auch die höchste Formel für die bürgerliche Gesetzgebung auf diese Weise ausgedrückt werden: stellet nur solche Normen für den Gebrauch eurer vereinten Macht auf, von denen ihr wollen könnet, daß sie jederzeit zugleich Prinzipien der Gesetzgebung für alle Staaten seyen.

seyen. Wodurch folglich die Tauglichkeit der öffentlichen Maximen zu allgemeinen Gesetzen bestimmt
wird. — So wenig aber je Maximen als solche für
objectiv gültige Gesetze ausgegeben werden können;
so wenig können auch öffentliche Gesetze mit allgemeinen Gesetzen, bürgerliche Gesetzmäffigkeiten mit Rechten für einerlei gehalten werden.

Wenn Kant in der vorliegenden Stelle die Rechtslehre als den Inbegriff der Gesetze erkläret, für welche eine äuffere Gesetzgebung möglich ist: so muß zur
genauesten Bestimmung, die hier von der gröffesten
Wichtigkeit ist, noch hinzu gesetzet werden, daß die
Rechtslehre Inbegriff objectiv gültiger Gesetze oder
Gesetze in der strengsten Bedeutung des Wortes sey,
nach welcher es zur Benennung objectiv nothwendiger
Regeln gebraucht wird. Denn nicht alle Gesetze,
für welche eine äuffere Gesetzgebung möglich ist (man
müßte denn unter möglich eine Möglichkeit nach objectiven Gesetzen verstehen, folglich dieses Wort gleichfalls genauer bestimmen) finden in der Rechtslehre eine Aufnahme. Wäre dieß, so hätten alle ungerechten Gesetze in der Welt, die noch häufig hin und wieder anzutreffen sind, Anspruch machen dürfen, unter
die Rechtslehren aufgenommen zu werden. Ein In-
be-

begriff aller Gesetze für welche eine äußere Gesetzgebung möglich ist, wäre eine Aufzählung aller nur
möglichen Handlungen und aller nur möglichen verschiedenen Entscheidungen über ihre Zuläßlichkeit oder
Unzuläßlichkeit für die öffentliche Wahl.

Wir bitten daher die Leser, von nun an mit uns
die Wörter jurisscientia von legisscientia, Jurisprudentia (welches] folglich jene unentbehrliche Wissenschaft für öffentliche Gesetzgeber ist) von legispru-
dentia (für die Exekutoren des öffentlichen Willens)
jurisconsultus und jurisperitus von legisconsultus und
legisperitus, zu unterscheiden, theils um der theoretischen, theils um der practischen Nothwendigkeit
willen, weil ohne dieß weder der bisherigen Verwir-
rung der Begriffe abgeholfen wird, noch auch einzu-
sehen ist, wie endlich die Rechtswissenschaft die ihr
gebührende Autorität und den von dieser abhängenden
wohlthätigen Einfluß auf die öffentliche Gesetzgebung
erlangen kann. Denn so lange wir unsere Gesetze für
das non plus ultra für die ewigen und unveränder-
lichen Rechtsgesetze selbst halten, werden wir nicht,
ohne im Widerspruch mit uns selbst zu stehen, solche
theilsweise für ungerecht halten, und mithin weder
deswegen in Sorge seyn, ob wir nicht durch unsere
vereinte Macht im Staate Ungerechtigkeiten aus-
üben:

üben; noch es uns angelegen seyn lassen, unsere Gesetze von Ungerechtigkeiten, die sich zu unsrer Vordi-
tern Zeiten schon hineingeschlichen haben, oder uns
wohl gar von andern Völkern mitgetheilt worden sind,
nach und nach zu reinigen, und sie dadurch allmäh-
lich dem Ideal der Vollkommenheit immer näher zu
bringen.

7.

Einleitung S. XXXI. "Was ist Recht"?

Bei dieser zur Begründung einer Rechtslehre nicht
zu umgehenden Frage ist Kant genöthiget worden,
selbst ein Wort gegen den doppelten Gebrauch dieses Wortes, den richtigen und den falschen (nach welchem es für
gesetzmäßig gebraucht wird) zu erinnern. Denn,
wenn angenommener Weise die öffentlichen Gesetze nichts
anders sind, als die nur zur Wirklichkeit gekommenen
möglichen objectivgültigen Gesetze, und mithin nur
in Rücksicht ihres Seyns (in der intelligibeln und in
der Sinnenwelt) nicht aber in Rücksicht ihrer innern
Gültigkeit verschieden wären: so wäre die Frage, was
recht sey, mit der Antwort allerdings abzufertigen:
"was die Gesetze an einem gewissen Ort und zu einer gewissen Zeit sagen oder gesagt haben". Kant will

C

dieſer Zweideutigkeit dadurch abhelfen, daß er einen
Unterſchied machet, zwiſchen den Fragen: was iſt
recht (quid juſtum) und was iſt rechtens (quid eſt
juris). Aber dieſer Unterſchied iſt bloß grammatikaliſch,
und daher iſt der Sinn auch nur grammatikaliſch,
nicht ſachlich (der Sache nach) verſchieden. Gebrauche ich das Adjectivum recht, ſo will ich entweder
mit dieſer an ſich zweideutigen Frage wiſſen: was
das Wort recht heiße; oder was in einer Sache dem
Begriff von Recht entſpreche. Gebrauche ich das Sub-
ſtantivum, ſo bedeutet die Frage: was iſt in einer
Sache dem Begriff von Recht entſprechend. Folglich
gehören beide Fragen in das Rechtsgebiet, und geben
keinen Unterſchied zwiſchen empiriſchen und zwiſchen
reinen Prinzipien a priori an.

Sehr richtig bemerkt Kant in dieſem Abſchnitte,
daß der Begriff von Recht ſich auf das wechſelſeitige
Verhältniß der Willkühr beziehe, und zwar in wie ferne ſolches unter die Form der Freiheit nach einem
allgemeinen Geſetze gebracht werden könne. Dieſes
Verhältniß der Menſchen im Sinnenreiche, nach welchem ſie als freie Weſen unter dem phyſiſchen Geſetze
der Wechſelwirkung ſtehen, nennen wir das allgemeine Sozialverhältniß, in welches der Menſch mit ſeiner

uer Erscheinung in der Sinnenwelt sogleich tritt, und
welches er nur mit seinem Tode wieder verlassen kann.
Die Vernunft hat durch ein Gesetz zu bestimmen, wie
weit für jeden das Reich seiner Willkühr (natürl. Freiheit) in diesem Reiche der Gemeinschaft oder des allgemeinen Sozialzustandes gehet. Und daher nennen
wir auch dieses Gesetz, das höchste Sozialgesetz.

Alles was nach demselben eines jeden Willkühr
zugesprochen ist, das ist recht, oder dazu ist jeder
befugt, und niemand darf ihn daran hindern, ohne
das Sozialgesetz zu verletzen. Recht kann man daher
definiren, als die durch das Sozialgesetz bestimmte Möglichkeit zu handeln; oder — wenn man sich solches
nicht substanzialiter, sondern nur als Prädikat von Handlungen denken will — als diejenige Beschaffenheit einer Handlung, vermöge welcher sie in das jedem
Menschen unabhängige Gebiete im Reiche der Gemeinschaft gehört. So wie es folglich eine moralische Möglichkeit und Unmöglichkeit giebt, so giebt es auch eine
sozielle oder rechtliche Möglichkeit und Unmöglichkeit.

Den letztern Hauptkarakter hat auch Kant in seiner
Definizion von Recht (in collectivem Sinne) zum Grunde gelegt, indem er solches als den Inbegriff der

C 2   Grün-

Gründe der Möglichkeit beschreibt, daß die gesammte Willkühr der Menschen unter einem allgemeinen Gesetze der Freiheit vereiniget werden kann.

Zum Schluße dieser Anmerkung wollen wir unsere selbstdenkenden Leser darauf aufmerksam machen: daß die Frage von Recht vor der vorgenommenen Gesetzgebung der Vernunft, zur Schlichtung der im Reiche der Gemeinschaft zusammenstoßenden und daher im Kriegszustande sich befindenden Willenskräfte, nichts anders anzeigen könne, als: wie kann die Vernunft das Problem auflösen, freie Wesen, die durch ihre Zusammenkunft in der Sinnenwelt als physische Wesen in beständiger Wechselwirkung, folglich im Kriege mit ihrer gegenseitigen Freiheit stehen, zu vereinigen? Mithin ist die Frage "was ist recht" vorher nur problematisch zu erklären. Die Realerklärung muß erst aus dem verlangten höchsten Vernunftgesetz hervorgehen, und kann daher nur Vorgriffsweise früher angegeben werden. Daß sich also die Leser nicht verführen lassen, solche schon als wahr anzunehmen, ehe sie das höchste Rechtsgesetz, als das gesuchte Richtige befunden haben. Alsdann erst werden sie auch prüfen können, welche von den obigen

Re-

Realerklärungen am natürlichften aus demfelben hervorgehet.

3.

Einleitung S. XXXIII. Allgemeines Prinzip des
Rechts. "Eine jede Handlung ist recht, die (oder
nach deren Maxime die Freiheit der Willkühr eines
jeden) mit jedermanns Freiheit nach einem allgemeinen Gefetze zufammen beftehen kann rc.".

Je wichtiger und entfcheidender unfere Schritte
jetzt auf dem Wege unferer bisherigen Unterfuchung
geworden find — indem wirklich von denfelben, fowohl
in fcientivifcher als in practifcher Hinficht, in Abficht
auf Bereicherung des Gebietes der Wahrheit und auf
Erweiterung und Befeftigung des Gebietes der Gerechtigkeit, fo vieles abhängt — um fo dringender müffen wir die Lefer ermahnen, frei von aller Autoritäts-
anhänglichkeit, der Wahrheit getreulich nachzugehen.

Wir wollen wiffen, was recht fey? das heißt:
die Vernunft foll uns ein Gefetz aufftellen, durch
welches die Grenzen der Menfchen als freier Wefen
(die unter ihrem eigenen Gefetze ftehen) in der Sinnenwelt, wo fie in dem Verhältniffe phyfifcher Wech-
felwirkung ftehen, folglich ihrer Unabhängigkeit beftän-

C ? bige

dige Gefahr drohet, gehörig abgemessen werde. Oder
noch kürzer: die Vernunft soll einen Streit freier
Wesen unter sich auf eine Art schlichten, die ihrem
Ideale von absoluter Einigkeit angemessen ist.

Bei Aufstellung dieses Gesetzes muß sie, so wie
jeder andere Gesetzgeber, erst den Stoff sichten, für
welchen sie eine passende Form, die hier Gesetz heißt,
aufstellen soll.

Die durch ein Gesetz zu entscheidende Sache ist
diese. Den Menschen als Vernunftwesen kommt Freiheit oder Abhängigkeit ihres Willens von ihrer eigenen Vernunft zu. Als Mitglieder der Sinnenwelt
sind sie auch physische Kräfte, und stehen als
solche in dem Verhältnisse physischer Wechselwirkung
oder in einem natürlichen Sozialzustande. Dieser natürliche Gesellschaftszustand ist eine Art von Krieg, weil
jede physische Kraft der Einwirkung anderer physischen
Kräfte unterworfen ist, und mithin auch auf diese andern wirket. (Folglich ist die Benennung des Hob-
bes hiervon sehr wahr, daß es ein bellum omnium
contra omnes sei) Aus diesem Zustande des Krieges
muß jedes Vernunftwesen erlöset zu werden wünschen,
in wie fern es Vernunftwesen — oder frei, unab-

hän-

hängig, von der Kauſſalität fremder Willenskräfte —
ſeyn will. Dieß kann nun nicht dadurch geſchehen,
daß die phyſiſche Gemeinſchaft aufgehoben werde,
weil dieß an ſich unmöglich iſt d. h. die Menſchen
können nicht aufhören Bewohner dieſer Erde zu ſeyn,
ſo lange ſie Bewohner der Erde ſeyn ſollen. Folglich
iſt bey dieſem Streite nur an eine friedliche Ausgleichung zu denken. Dieſe muß zwar in praxi den Menſchen ſelbſt überlaſſen werden, ſo wie es ihnen denn
auch wirklich (als Mittel zu ihrer ſittlichen Ausbildung) überlaſſen iſt, und alle bürgerliche Geſellſchaften ſind eben ſo viele practiſche Verſuche derſelben.
Aber dieſe Ausgleichung kann nicht dem Belieben
der Menſchen anheim geſtellet werden, wenn ſie anders vernünftig ſeyn ſoll. Denn alsdann würde nur
ein neuer Krieg entſtehen. Jeder würde ſuchen (und ſo
iſt es denn wirklich in der Welt, eben weil dem Belieben nach ſo vieles überlaſſen iſt) dem andern durch
Liſt, oder Ueberredung oder Macht mehr Gebiete im
Reiche der Gemeinſchaft abzulocken, und diejenigen,
welche hierbei übervortheilet ſind, müſſen beſtändig
darnach ſtreben, dieſem Nachtheil abzuhelfen, in
wie fern ſie Vernunftweſen ſeyn — oder unter ihrem
eigenen Willensgeſetze ſtehen wollen. Alſo nicht die
Sinnlichkeit, welche ſo gerne hierbei Einfluß zu ha-

C 4   ben

ben wünscht, sondern die Vernunft kann und soll allein den Streit von Vernunftwesen entscheiden, die
als solche beieinander in Friede — der Kriegslusti-
gen Sinnlichkeit zum Trotze — leben wollen.

Da ist nun zur Schlichtung dieses Streites kein
anderes Gesetz möglich als: allen Menschen kommen
gleiche Grenzbestimmungen für ihre Willkühr im Reiche der Gemeinschaft zu; (mag ihre physische Macht
noch so verschieden seyn).

Jetzt ist der Widerstreit gehoben, die Einigkeit
gefunden, und damit das vorgelegte Problem aufgelöset.
Keiner von allen Menschen, in wie fern sie sich der
Gerichtsbarkeit der Vernunft in diesem Stücke unterwerfen wollen, kann mit diesem Entscheidungsgesetze
unzufrieden seyn. Keiner kann mehr Macht in dem
Reiche der Gemeinschaft vernünftiger Wesen sich zuschreiben, oder andern abschreiben wollen.

Eine Erscheinung ist zu merkwürdig, als daß sie
hier nicht in Erörterung gebracht werden sollte. Was
will das wilde Geschrei, was zuweilen eine aufste-
bende Menschenmasse nach Freiheit und Gleichheit erhebt, mit psychologischer Scheidekunst unter-
su-

suchet, sagen? Es liegt demselben das nur dunkel
erwachte Bewußtseyn zum Grunde: wir sind als Vernunftwesen, (als Menschen) freie, unter einem eigenen Gesetze stehende Wesen, die sich aber in einem
natürlichen Kriegszustande (Gesellschaftszustand
sinnlicher Wesen) befinden, der auf keine andere
Weise in einen wirklichen (nicht bloß scheinbaren,
wenn der Unterdrückte sich willig unterdrücken läßt)
Friedenszustand (Gesellschaftszustand vernünftiger Wesen) verwandelt werden kann, als wenn
man das von der Vernunft dictirte Gesetz der Gleichheit allgemein geltend macht.

Es ist allezeit für den philosophischen Beobachter
rührend, wenn ihm das Schauspiel der, durch alles
Sinnengetöse durchdringenden, Stimme der Vernunft gegeben wird. Anstatt sie mit jenem, wie von
dem profanen Haufen geschieht, für Eins zu halten,
hört er nur auf sie, und sie wird für ihn verständ-
lich, wenn sie auch für andere unverständlich bleibt.

Wir gehen wieder zu dem Verfahren der Vernunft bei Aufstellung dieses höchsten Sozialgesetzes zurück. Sie verfährt dabei mit mathematischer Genauigkeit, indem sie die verschiedenen Willenskräfte als

freie

freie Wesen in dem Raume (dem Reiche der Gemeinschaft) hinstellt; und da sie als freie Wesen gleich
sind, ihnen gleiche soziele Vermögenskraft zu wirken zuschreibt, wodurch also für jede Willenskraft
eine gleich grosse Sphäre der Wirksamkeit abgemessen
wird. Man kann daher mit Recht sagen, daß
die Rechtslehre jeder Willenskraft die Quantität der
ihr zukommenden freien Wirksamkeit, durch das Gesetz
der Gleichheit, mit mechanischer Genauigkeit zuzähle. —

Niemanden wird wohl hierbei einfallen zu fragen:
was die Vernunft berechtige, physisch ungleichen
Kräften gleiche Grenzen der Willkühr zuzuschreiben,
und folglich solche dadurch einzuschränken. Denn dieß
hieße, der Vernunft streitig machen, daß sie Vernunft sey, und daß ihre Gesetze für Wesen, die sich
selbst als Vernunftwesen erscheinen, objective Gültigkeit haben.

Und nun wollen wir das Kantische Prinzip des
Rechts in Betrachtung ziehen.

Es enthält den Satz: daß jede Handlung recht
sey, die mit jedermanns Freiheit nach einem allgemeinen Gesetze zusammen bestehen könne. Dieses Prinzip

zip giebt zwar das wesentliche Erforderniß an, daß jede rechtliche Handlung mit demjenigen Gesetze übereinstimmen müsse, welches die Freiheit der Willkühr eines jeden mit der Freiheit der Willkühr von jedermann verträglich mache; aber welches ist denn nun dieses allgemeine Gesetz, nach welchem jedermanns Freiheit mit jedermanns Freiheit bestehen kann? Dieses Gesetz, welches eigentlich erst dem bisjetzt bloßen formalen Begriff von Recht, Realität geben, mithin die Frage: was ist recht? realiter und nicht bloß nominaliter beantworten soll — ist nicht angegeben, sondern es wird nur darauf als auf ein höheres Gesetz hingewiesen; folglich kann es auch nicht das verlangte höchste Rechtsgesetz seyn.

Dieses ist vielmehr das oben angegebene Gesetz der Gleichheit, nach welchem jedem in dem Reiche physischer Gemeinschaft gleiche Grenzbestimmungen ihrer Willkühr zukommen. Aus demselben ergiebt sich der Realbegriff von Recht, daß er den mit diesem Gesetze übereinstimmenden Gebrauch der Willkühr bezeichne oder die Beschaffenheit der Handlungen (der Aeußerungen im Reiche der Gemeinschaft) vermöge welcher sie in das von jenem Gesetze jedem zugesprochene unabhängige Reich (Gebiet der Willkühr)

ge-

gehöre. Unrecht ist gerade das Gegentheil, und kann eben deswegen nicht als ein Act der Freiheit respectiret werden.

Kant fügt dem oben angegebenen Prinzip die Bemerkung bei, die bis jetzt allen Lehrern des Naturrechts entgangen ist: daß das Rechtsgesetz nicht als Triebfeder der Handlung, als zur ethischen Gesetzgebung gehörig, vorgestellet werden darf. Und in der That haben wir uns schon lange hierüber gewundert, daß es kein Einziger bemerkt hat; wovon aber diesem die Schuld beizumessen ist, daß man das Naturrecht bisher von der Moral abzuleiten suchte, und daher dem obersten Grundsatze desselben immer die imperative Form geben mußte.

Damit unsere Leser sich desto mehr von der Nothwendigkeit dieser Behauptung überzeugen mögen, daß das Rechtsgesetz nicht im Imperativ ausgedrückt werden darf, nehmen wir die obige reine Vorstellung von der eigentlichen Beschaffenheit dieser Gesetzgebung zu Hülfe. Nach derselben muß die Vernunft, ehe sie zur ethischen Gesetzgebung schreiten und jedem Einzelnen Menschen eine reinvernünftige Handlungsweise vorschreiben kann, erst jedem Einzelnen in dem Rei-

Reiche phyſiſcher Gemeinſchaft, ein freies unabhängiges Gebiet abſtecken, weil ohne dieſe Freiheit ihre Geſetze von niemanden befolgt werden können.
Die Vernunft wendet ſich bei der ethiſchen Geſetzgebung an jeden Einzelnen als **Privatgeſetzgeberin,**
und daher drückt ſie ſich nicht nur in der zweiten einfachen Perſonalformel des Imperativs aus, ſondern
giebt ihm auch das als Merkmahl der obiectiven Ver-
nünftigkeit ſeiner Handlungen an, wenn ſolche ſich
nicht bloß zu einer **Privatgeſetzgebung** ſondern
zu einer **allgemeinen** für alle vernünftige Weſen
qualifiziren.

Die rechtliche Geſetzgebung hingegen iſt von der
Art, daß ſie nur über ein Verhältniß zwiſchen den
Menſchen entſcheiden ſoll, wobei es ihnen übrigens
frei gelaſſen wird, in wie weit ſie ſolche practiſch
machen oder das höchſte Sozialgeſetz unter die Maximen ihrer Willkühr aufnehmen wollen. Folglich kann
bei dieſem Geſetze auch nur die dritte Perſonalform
als von einer dritten Sache gebraucht werden, und
es darf durchaus nicht einem Gebote ſondern nur einer Entſcheidung gleichen, weil es im Grunde auch
nichts weiter iſt, als — die den, vor der Vernunft als Streitpartheien erſcheinenden, Menſchen
ertheilte richterliche Sentenz.

Nur

Nur alsdann, wenn ein Mensch für sich (priva-
tim) bei der Vernunft anfragt, wie weit das Gebiet seiner Unabhängigkeit im Reiche der Gemeinschaft
reiche, kann die Antwort nur in der zweiten einfachen Personalform ausfallen: du bist zu allem befugt,
was mit dem höchsten Sozialgesetz übereinstimmt.
Oder wenn der Mensch zu wissen verlangt, welche
Maximen er bei dem gegenseitigen Kauffalitätsverhält-
nisse mit andern Menschen als ein nach Prinzipien
sich bestimmendes Wesen befolgen soll: so folgt nothwendiger Weise die strenge, kategorisch-imperative
Form: Handle nach dem Gesetze der Gleichheit!

§.

Einleitung S. XXXV. "Das Recht ist mit der Befugniß zu zwingen verbunden.

Es war wirklich in einiger Absicht mitleidig anzusehen, wie viele saure Mühe sich manche Lehrer
des Naturrechts gaben, um die Rechtmässigkeit des
Zwanges zu deduziren. Einem Manne, wie Kant,
konnte dieß zwar keine Mühe machen; aber unmöglich
blieb es ihm doch, den Beweis ganz kurz und deutlich
hinzustellen; und Er muß eine ganze Reihe von Sä-
tzen zu Hülfe nehmen, die einen ziemlich langen
Schluß formiren.

"Wenn

"Wenn einer Wirkung ein Hinderniß entgegenge=
setzt wird: so ist der Widerstand dieses Hinder=
nisses eine Beförderung jener Wirkung und stimmt
mit ihr überein. Jede unrechte Handlung ist
ein Hinderniß der Freiheit nach allgemeinen Ge=
setzen" der Zwang ist ein Hinderniß oder Wi=
derstand, der der Freiheit geschiehet.

"Folglich: wenn ein gewisser Gebrauch der Freiheit
selbst ein Hinderniß der Freiheit nach allge=
meinen Gesetzen (d. i. unrecht) ist, so ist
der Zwang — der diesem entgegengesetzt
wird — als Verhinderung eines Hin=
dernisses der Freiheit, mit der Freiheit
nach allgemeinen Gesetzen zusammenstimmend
d. i. recht:

Mithin ist mit dem Rechte zugleich eine Befugniß,
den, der ihm Abbruch thut, zu zwingen, nach
dem Satze des Widerspruchs verknüpft.

Unsere Leser erlauben uns, Sie in den Stand
zu setzen, daß Recht zum Zwange weit leichter zu be=
weisen.

Das

Das Sozialgesetz hat dem Menschen als physischer Kraft — als einem Theil des gesammten Kauffalitätsvermögen der Welt — die Grenzen seiner Wirksamkeit zu bestimmen, folglich ist es Reglement für Kraft oder Machtäusserung überhaupt schon. So weit die Grenzen meines Gebietes gehen, so weit ist auch meine Machtäusserung uneingeschränkt. Zwangsrecht ist daher nur ein Theil oder eine Spezies des Rechtes: nämlich diejenige mir zuständige Machtäusserung, durch welche ich einen andern zu etwas nöthige. Welchen Beweis haben wir denn also für die Rechtmässigkeit des Zwanges zu führen? Keinen andern als den: daß mit der Deduction des Rechts überhaupt schon das Recht zum Zwange bewiesen sey. Das Recht selbst ist nichts anders als eine mit dem Sozialgesetze übereinstimmende Nöthigung des ausser mir Befindlichen unter meinen Willen. Man siehet zugleich hieraus, um dieses im Vorbeigehen zu erinnern, daß die sonst gewöhnliche Eintheilung von Recht in Zwangs - und Nichtzwangsrecht nur das Product dürftiger Einsicht war.

Durch das Sozialgesetz wird das Reich der Gemeinschaft (das ganze mögliche Gebiet der Wechselwirkungen) gleichmässig ausgetheilt, wodurch nicht nur

jeder

jeder ein unabhängiges Gebiet um sich her bekommt,
sondern wodurch auch nothwendiger Weise das Gebiet
eines jeden von dem Gebiete aller übrigen scharf ab-
geschnitten wird. Wo die Grenzlinie des Gebietes
der andern anfängt, da fängt das Meinige an. Folglich so wie jemand sein Gebiet überschreitet: so fällt
seine Machtäusserung in mein Reich, und hier bin
ich befugt, meine ganze Macht nach Willkühr zu
brauchen, und kann folglich jenen unbefugten Ein-
fall zurückweisen.

9.

Einleitung S. XXXVIII. "Es giebt zwei Fälle, die
auf Rechtsentscheidung Anspruch machen, für die
aber keiner, der sie entscheide, ausgefunden werden
kann, und die gleichsam in Epikur's intermundia hin-
gehören".

Nach diesem Satze — so wie er da stehet und in
seiner einfachen Bedeutung genommen werden muß —
wäre es mithin falsch, was wir nur so erst behauptet haben, daß das Gebiet der Gemeinschaft durch
scharfe Grenzlinien so abgetheilet werden muß, daß aller
Streit aufgehoben, und jedem sein unabhängiges,
ihm allein zugehöriges Gebiet zugemessen ist. Es

giebt

giebt nach Kanten noch ein streitiges Territorium, und mithin wäre in dieser Rücksicht wahr, was die sophistische Vernunft behauptete, daß ein ewiger Friede auch vor der Vernunft ein Unding sey, indem sie selbst behauptet, daß sie den Kriegszustand nicht völlig zu schlichten im Stande sey.

Unsere Leser mögen sich hierüber keine Unruhe machen; denn unser alter Vater Kant will gar nicht das sagen, was seine Worte Ihn sagen lassen. Man erinnere sich nur der Bemerkung über ihn, daß er aus Schonung gegen die bis jetzt noch herrschende Meinung wirklich angenommen habe: das Recht habe unter sich zwei Theile, den zur äussern Gesetzgebung möglichen und den durch eine äussere Gesetzgebung irgend wo wirklich gewordenen Theil; oder was die bürgerlichen Gesetze enthielten, wäre kraft derselben auch immer recht. Daher muß man bei Ihm darauf acht haben, von welchem vermeinten Rechtstheile er spricht.

In der vorliegenden Stelle hat er nun nicht die nur allein objectiv — gültige Entscheidung der Vernunft im Sinne; sondern die aus dem Willen irgend eines menschlichen Gesetzgebers hervorgehende Entschei-

scheidung. Er behauptet also nur damit: daß es
Fälle gebe, die vor keinem bürgerlichen oder öffentlichen Gerichte könnten entschieden werden, und
führt davon zwei Arten an, nämlich die Billigkeit
und das Nothrecht, welche das zweideutige Recht
ausmachen sollen.

Wir ermangeln um so weniger, unsere Gedanken
über beide zu äussern, als uns dieß Gelegenheit an
die Hand giebt, die Leser mit einigen andern Theilen
unseres Systems der Rechtswissenschaft vorläufig ver-
traut zu machen.

Der Hauptzweck (welcher von dem Gesammt-
zweck wohl unterschieden werden muß) des nähern
Vereines der Menschen, welchen wir die bürgerliche
Gesellschaft nennen, war, ist, und bleibt: Reali-
sirung des höchsten Sozialgesetzes, oder Wirklichma-
chung des möglichen Friedenszustandes unter vernünftigen Wesen, die als physische Kräfte unter dem Gesetze gegenseitiger Einwirkung, folglich in einem natürlichen Kriegszustande stehen. Wenn die Menschen
sich auch dieses bisher nicht so hell dachten wie wir,
so leuchtet doch dieses aus ihren, nach dunkeln Vor-
stellungen geschehenen Aeusserungen überall hervor.

D 2   War-

Warum? . Weil es eine unerläßliche Forderung der practischen Vernunft, auch in dem noch wenig ausgebildeten Menschen ist, darnach als einer nothwendigen Bedingung zur Existenz eines in der Sinnenwelt erscheinenden moralischen Wesens zu streben.

Was unmittelbar aus diesem Vereinigungszwecke hervorgehet, ist dieses: die Menschen haben sich gegenseitig ihre Rechte dergestalt garantiret, daß alle zusammen demjenigen ihren ganzen Machtsbeistand zusichern, der ihrer zur Behauptung seines unabhängigen Gebietes oder seiner Rechte bedarf.

Um dieses nun in Ausführung zu bringen, sind zweierlei Anstalten nöthig. Erstlich müssen die Menschen darüber übereinkommen, wie weit sich das unabhängige Gebiet eines jeden Menschen, oder seine Rechte erstrecken sollen. Gesetze sind daher nichts weiters, als die Erklärungen einer Staatsgesellschaft, in welchen Fällen die gesammte vereinigte Macht für jeden zum Schutze und Beistand frei stehen soll. Die zweite erforderliche Anstalt ist: Niedersetzung von Nationalrepräsentanten (weil die Gesellschaft dieses Geschäffte in corpore weder besorgen will noch kann) welche jedesmahl, wenn die öffentliche Macht, kraft des

all-

allgemeinen Vertrags von einem Mitgliede in Requi=
fizion gefetzet wird, ju unterfuchen hat, ob in dem
vorliegenden, und deswegen wohl ju eruirenden
Falle, die Staatsgefellfchaft auch ihren gefammten
Machtsbeiftand wirklich jugefichert hat?

Wir wollen unferm bald erfcheinenden Syfteme
der Rechtswiffenfchaft nicht vorgreifen, in welchem wir
unfere Lefer von der Fruchtbarkeit und Wichtigkeit die=
fer reinen Darftellung von der Natur des richterli=
chen Beiftandes in Staatsgefellfchaften ju überzeugen
fuchen; fondern wir wollen uns hier nur damit be=
gnügen, diefe aufgeftellten Gründe auf die vorliegen=
de Unterfuchung über das fogenannte jweideutige
Recht anjuwenden.

Da die eigentliche Rechtswiffenfchaft durchaus
noch bisher im Alter der Kindheit geftanden ift: fo
würde es eine widernatürliche Erfcheinung gewefen
feyn, wenn irgend eine Nazion Gefetze aufgeftellet
hätte, welche mit dem Rechtsprinzip in allen Stü=
cken vollkommen übereinftimmte. Unfere bürgerlichen
Gefetze müffen folglich noch überall den Stempel
der Unvollkommenheit an fich tragen, und folglich
nicht nur fehr viele ungerechte Entfcheidungen enthäl=

ten,

ten, sondern auch noch sehr viele Fälle entschei-
dungslos gelassen haben. Letzteres mußte um so
eher ihr Loos seyn, als die sämmtlichen Gesetzgeber
noch die kindische Idee hatten: daß eine Gesetzgebung desto vollkommener wäre, je mehrere Entscheidungen sie über einzelne Fälle enthalte, da doch dieses Unternehmen, über alle möglichen einzelnen Fälle Entscheidungen aufzustellen ein wahrhaft abentheuer-
liches Unternehmen ist, weil solches wegen der un-
endlichen Modifikationen in Unendlichkeit fortgese-
tzet werden kann. Eine Gesetzgebung muß sich nicht
ins Einzelne verlieren, sondern bleibt nur bei den
allgemeinen Gattungen und Arten stehen, und stellt
dann die Grundsätze auf, nach welchen jeder einzelne vorkommende Fall unter das generelle Gesetz sub-
summiret werden soll. — Auch hier müssen wir wieder abbrechen, um die Hauptsache nicht aus dem Ge-
sichte zu verlieren.

Wie nennen wir doch das, wenn die bürgerlichen Gesetze entweder gar keinen Beistand der Gesammtmacht in einem Falle zugesichert haben, wo
doch die Vernunft erkläret, es würde dabei ein
Recht gekränket; oder wenn sie vollends den richterlichen, über so viele Macht gebietenden) Beistand
dem-

demjenigen Theile zugesichert haben, der nach dem Sozialgesetze keinesweges das Recht auf seiner Seite hat? Wir sagen dann: im ersten Falle: es wäre der Billigkeit gemäß, ihm dabei mit der öffentlichen Macht beizustehen; und im zweiten: es sey unbillig, hier den Beistand der öffentlichen Macht zu bewilligen. Nur darf es der R i c h t e r nicht thun, weil er nur Exekutor des öffentlichen Willens ist, und die ihm anvertraute Macht nach dem Inhalte desselben, d. i. nach dem Gesetze, zu verwalten hat.

Hier wird folglich offenbar das Rechtmäßige, dem Gesetzmäßigen entgegengesetzt; und "es ist billig", heißt nichts anderes als, es wäre des richterlichen Beistandes ganz würdig, weil es recht ist, und das, was recht ist, nach der, bei der Gesetzgebung im Sinne gehabten reinen Absicht, durch die vereinte öffentliche Macht geschützet werden soll.

Der Sinnspruch der Billigkeit, d. i. des unter dem Schutze der öffentlichen Macht noch nicht rezipirten Rechtes, summum jus saepe summa injuria darf daher nicht mit K a n t übersetzet werden: das strengste Recht ist öfters das größte Unrecht — denn das wäre und bliebe ein die Vernunft ewig empörender

Wi.

Widerspruch, den wir durchaus nicht länger in unserer Sprache dulden sollten, wenn er auch noch so schöner Auslegungen fähig wäre — sondern wir wollen ihn, mit Erlaubniß unserer Leser, in folgendes reines und kräftiges Teutsch übersetzen: die Gesetze manches Staates enthalten zum Theil himmelschreiendes Unrecht.

Nunmehr werden unsere Leser schon im voraus absehen können, was aus dem noch übrigen sogenannten zweideutigen Rechte, dem Nothrechte, unter unsern Händen werden möchte.

Wir wollen dasselbe in dem allbekannten Beispiele näher kennen lernen. Wenn zwei Personen sich im Meere auf einem Brette retten wollen, welches sie beide nicht tragen kann, und wobei folglich die rechtliche Frage vorkommt: ob der eine zur Rettung seines Lebens den andern von dem Brette herabstoßen dürfe? Vor der Vernunft zur Entscheidung gebracht, kann diese Handlung nicht anders als ungerecht verworfen werden. Wer sie ausübt, der ist ein Ungerechter, dem sein Gewissen ewig zurufen wird, es ist besser gehandelt, den Tod zu wählen, als das Leben durch eine ungerechte That erkaufen.

Es

Es entstehet nunmehr die Frage: können die öffentlichen Gesetze auch über diesen Fall entscheiden? Kant verneinet dieses; hält zwar jene Handlung für sträflich aber nicht für strafbar; weil die, durch das öffentliche Gesetz angedrohete Strafe nicht grösser seyn kann, als die des Lebensverlustes des Uebelthäters.

So bald die Gesetze nur die Absicht haben, diese That durch die angesetzte Strafe zu verhindern: so werden sie allerdings ihren Zweck sehr schlecht erreichen, weil auch selbst im Falle der angedroheten Todesstrafe, die vorhandene Gefahr weniger schreckhaft ist, als die entferntere, überdieß noch ungewisse; und Verlängerung des Lebens überhaupt schon Gewinn ist, wovon sich natürlicher Weise derjenige bestimmen lässet, der sich nicht, als Vernunftwesen zu handeln, bestimmen will. Doch bleibt der Fall noch gedenkbar, daß der Uebelthäter so viel Ehrgefühl besitzt, um den unverdienten Tod in den Wellen dem schmählichen Tode auf dem Gerichtsplatze vorzuziehen.

Aber wie? haben denn die Gesetze nicht zur Absicht, die Sicherheit aller zu begründen? Und kommt diese nicht jedesmahl in Gefahr, wenn ein Mensch

sich

sich als einen Mörder zeigt? Wer mag dem moralischen Schurken trauen, der seinen Bruder in den
Rachen des Todes stürzet, um durch dieses ungerechte Opfer sein Leben zu erkaufen? — Folglich erfordert es allerdings die allgemeine Sicherheit, auch einen solchen mordfähigen Menschen in Verwahrung zu
bringen; und es sind daher die öffentlichen Gesetze
auch auf ihn anwendbar. Seine That soll und muß
bestrafet werden! —

10.

Einleitung XLIII. "Eintheilung der Rechtslehre".

Kant theilt sie ein, wie gewöhnlich, in Rechtspflichten und in Rechte. Statt der ersten Benennung, welche den ethischen Gebrauch von Pflicht
in einfacher Bedeutung aufhebt und die Komposition
von Tugendpflicht nöthig macht, schlagen wir das
Wort Verbindlichkeit vor, weil wir durch die
Vertheilung dieser beiden Wörter, Pflicht und Verbindlichkeit, welche beide eine gesetzliche Nothwendigkeit bezeichnen, unter die beiden Haupttheile der reinpractischen Gesetzgebung, die Mühe ersparen, zu jedem Worte hinzuzusetzen, ob wir solches im ethischen
oder rechtlichen Sinne gebrauchen. Das Wort Ver-
bind-

binblichkeit paſſet vorzüglich, weil es urſprünglich eine Gebundenheit oder Nicht-Freiheit bezeichnet, zu
dieſem Gebrauche in die Rechtswiſſenſchaft, ſo wie
wir das Wort Pflicht, in ſeiner gewöhnlichen Bedeutung, ganz der Moral überlaſſen wollen. Dieſes
haben wir denn auch in unſerm Naturrecht gethan,
und werden es auch hier der Kürze wegen thun, ſo
bald wir Eines dieſer Wörter gebrauchen werden.

Was übrigens dieſe Eintheilung ſelbſt betrifft, ſo
ergiebt ſie ſich aus der Natur der Sache als nothwendig. Indem nämlich die Vernunft durch ihr aufge-
ſtelltes Geſetz der Gleichheit die Konkurrenz freier Willenskräfte ſchlichtet, ſo muß ſie jeder ein unabhängiges
Gebiet für ihre Wirkſamkeit anweiſen, welches die
Rechtſame jeder Willenskraft umfaßt. Indem ſie hierzu, die in ſolcher Hinſicht möglichen Handlungen beſtimmt, ſo beſtimmt ſie eben hier auch zugleich die,
in Hinſicht auf das Sozialgeſetz, für vernünftige Weſen unmöglichen Handlungen. So wie die erſtern
nun unter dem Geſetze der Willkühr eines jeden ſtehen, und dadurch der Willenskauſſalität der andern
entgegen ſind: ſo ſind die zweiten in das Reich der
ſollenden Nichtwillkühr, oder der Willenskauſſalität
der andern verwieſen. Jede Handlung folglich, welche

che, die mir nicht eigenthümlich gehört, (über die ich nicht nach Willkühr disponiren darf,) gehört eben deßwegen dem andern eigenthümlich zu, oder sie können sie ihrer physischen Machtäusserung unterwerfen.

Wir theilen daher, der Kürze und Deutlichkeit wegen, alle äussern Handlungen (die das Gebiet der Gemeinschaft ausmachen,) in Absicht ihres Verhältnisses zum Sozialgesetze ein, in mögliche, unmögliche und nothwendige. Die m ö g l i c h e n machen das Gebiet der S o z i a l f r e i h e i t oder der Rechte aus; die u n m ö g l i c h e n das Gebiet der S o z i a l u n m ö g - l i c h k e i t oder des Unrechts; und die n o t h w e n d i - g e n das Gebiet der S o z i a l n o t h w e n d i g k e i t oder der Verbindlichkeiten. Daher man auch Recht, als die nach dem Sozialgesetze bestimmte Möglichkeit zu handeln; Unrecht, als das Gegentheil davon (die sozielle Unmöglichkeit,) und die Verbindlich- keit, als die nach dem Sozialgesetze bestimmte Noth- wendigkeit zu handeln definiren kann.

So bald wir wissen, was recht ist, wissen wir auch, was unrecht heißt, daher bei der Bestimmung unseres Sozialverhältnisses nur auf die beiden positi- ven Bestimmungen der freien und nothwendigen Handl- ungen gesehen wird.

Aus

Aus dieser von uns mitgetheilten reinen Darstellung unsers allgemeinen Sozialverhältnisses ergiebt
sich denn nun auch, warum jedem Rechte eine Verbindlichkeit, und jeder Verbindlichkeit ein Recht nothwendiger Weise in der Erfahrung entsprechen müsse.
Unser Sozialverhältniß ist ein Wechselverhältniß.
Wenn A bei seiner Wirksamkeit frei ist, so ist B, so
weit diese Grenzlinie der Freiheit in dem gemeinsamen Gebiete gehet, nicht frei, sondern der
Willkühr von A unterworfen. Eben dieß ist nach
dem Satz des Widerspruches im umgekehrten Falle
nothwendig.

Hieraus erhellet zugleich, warum die Rechtslehre, so bald sie diese Verhältnisse bestimmet hat, und
zur Klassifikation der Rechtsmaterien selbst übergehet,
nicht nöthig hat, solche unter diese wechselseitigen
Gesichtspunkte zu bringen, und in dem einen Theile
die Rechte und in dem andern, die Verbindlichkeiten
abzuhandeln. Man hat daher nur die Rechte aufzu-
zählen, die, in systematische Form gebracht, dann
Rechtswissenschaft heißt, und eine Verbindlichkeits-
wissenschaft ganz überflüssig macht.

In der vorliegenden Stelle liefert Kant zwar
auch eine Eintheilung der Verbindlichkeiten, aber

man

man siehet es aus dem Ganzen, daß Er sich nur
deßwegen hierauf einläßt, um Gelegenheit zu haben,
sich unsern römischen Gesetzgelehrten dadurch gefällig
zu machen, indem, daß er dabei die vom Tribonian
an die Spitze seiner Gesetzsammlung gestellte Eintheilung der Verbindlichkeiten zum Grunde legt, wiewohl er selbst gestehen muß, daß er derselben, um
solche dazu tauglich zu machen, erst einen bessern
Sinn untergelegt habe; denn im Grunde enthält solche sowohl Pflicht- als Rechtsgebote.

Bei der allgemeinen Eintheilung der Rechte betrachtet sie Kant theils unter dem bisherigen syste-
matischen Gesichtspunkte, nach welchem sie (wiewohl
fälschlich nach dem oben gelieferten Beweise,) in Naturrecht und positives Recht eingetheilt wird; theils
unter dem moralischen Gesichtspunkte, vermöge dessen die Rechte als Vermögen, andern Verbindlichkeiten aufzulegen, in angebohrne, und in erworbene (wozu erst ein Act nöthig ist,) eingetheilet werden.

Weil nun Kant, den Aussprüchen einzelner
menschlicher Gesetzgeber einmahl die Ehre angethan
hat, sie sammt und sonders für wirkliche Rechte zu
erklären, und sie den Aussprüchen der Vernunft dadurch

durch gleich zu stellen; so mußte er hier abbrechen,
und vorher erst wieder zu dem sogenannten Natur-
rechte zurückgehen, um das Recht weiter einzuthei-
len; was er denn auch in einer andern Stelle gethan hat; die wir, um des Zusammenhanges willen,
höher herauf rücken wollen.

II.

Einleitung. §. LII. "Die oberste Eintheilung des
Naturrechts kann nicht, (wie bisweilen geschieht,)
die in das natürliche und gesellschaftliche,
sondern muß die ins natürliche und bürgerliche
Recht seyn: deren das erstere das Privatrecht, das
zweite das öffentliche Recht genannt wird. Denn dem
Naturzustande ist nicht der gesellschaftliche, sondern der bürgerliche entgegen gesetzt; weil es in jenem zwar gar wohl Gesellschaft geben kann, aber
nur keine bürgerliche, (durch öffentliche Gesetze das
Mein und Dein sichernde). Daher das Recht in dem
erstern das Privatrecht heißt".

Der Satz in dieser Stelle, daß dem Naturzustande nicht der gesellschaftliche entgegengesetzt sey, ist an sich sehr wahr, obgleich
nicht im Kantischen Sinn. An sich ist der Satz
wahr, wenn man annimmt, was wir oben bewiesen
ha-

haben, daß der Naturzuſtand ſelbſt nichts weiter als
der allgemeine Sozialzuſtand, oder der von Natur
jedem Menſchen angebohrne, und nicht erſt durch
einen Act der Freiheit erworbene, geſellſchaftliche Zuſtand ſey. Folglich iſt die wahre Eintheilung
der Rechtslehre dieſe: in das allgemeine und in das
beſondere (durch einen Act der Freiheit erſt hervorge-
brachte) Geſellſchaftsrecht. Nun giebt es dieſer letztern Geſellſchaften, welche nichts anders, als nur
Modifikationen, oder durch Handlungen der Freiheit
nähere Beſtimmungen des allgemeinen Geſellſchaftszu-
ſtandes ſind, ſehr viele, weil ſich viele Zwecke zu
einem nähern Vereine der Kräfte gedenken laſſen.
Unter ihnen aber ragen diejenigen hervor, deren
Realiſirung von der Vernunft ſelbſt, um ihres nothwendigen Zweckes willen, zu einer unerläßlichen
Pflicht gemacht wird. Dahin gehöret die häusliche,
die bürgerliche und völkerſchaftliche, oder welt-
bürgerliche, (welche die Idee von einem friedlichen
Verbande aller Staaten zur Aufgabe hat).

Der bürgerliche Zuſtand kann daher bei einer
richtigen Eintheilung nichts weniger, als dem allgemeinen, oder natürlichen Geſellſchaftszuſtande entge-
gengeſetzt werden, da er eine Unterart im zweiten
Grunde ausmacht, wie folgendes Schema beweiſet.

All-

1) Unveränderter (Natur-) Zustand.	2) Durch einen Act der Freiheit veränderter NB. aber nicht aufgehobener Naturzustand.
a) Von der Vernunft als nothwendig aufgegeben.	b) Dem Belieben, unter den übrigen nöthigen Bedingungen, anheim gegeben.

α) Häusl. Gesellschaft; β) Bürgerl.; γ) Völkerschaftl.

Das Wort Privat wird dem entgegengestellt, woran jedermann Theil hat. Eben deßwegen hat Kant sich geirret, wenn er die allen zukommende Rechte, das Privatrecht, und die nur Einigen (wegen des von ihnen nur allein vorgenommenen Actes der Freiheit) zukommende Rechte das öffentliche Recht heißt. Gerade umgekehrt ist die Benennung richtig. So gehet es uns Menschen aber, wenn wir uns einmahl an ein herrschendes Vorurtheil anschmiegen, so werden wir zu allen in demselben lie-

E   gen

genden Inkonsequenzen unwillkührlich fortgerissen, und
wir können nur dann und wann es uns merken
lassen, daß wir Kraft genug haben, solche einzuse-
hen; aber nicht Vermögen genug, dem Strome zu
widerstehen, dem wir uns einmahl Preis gegeben
haben.

12.

Einleitung S. LI. "Von der Moral, als eines
Systems der Pflichten überhaupt".

Kant setzt in dem beigefügten Schema unter
die Rechtspflichten (Verbindlichkeiten), die zwei Unterarten, Privatrecht und öffentliches Recht, was
wohl nur ein Geschwindigkeitsfehler seyn kann; denn
Recht kann nicht unter die Verbindlichkeit gesetzt werden, sondern muß als der zweite alternirende Begriff des
wechselseitigen Sozialverhältnisses neben demselben
kommen. Wobei wir im Vorbeigehen unsere Leser
auf die weitere Eintheilung der Tugendpflichten und
zwar in Absicht auf unsere Nebenmenschen aufmerksam machen wollen. Diese müssen nun folgende Eintheilung bekommen. Pflicht gegen andere Menschen
theilt sich in zwei Kardinalpflichten: in die Pflicht
der Gerechtigkeit, welche hier die moralische
Maxime ausdrückt, allen Verbindlichkeiten gegen an-
be-

tere nachzukommen, oder die Rechte eines jeden
Menschen heilig zu halten; und in die Pflicht der
Wohlthätigkeit, welche die moralische Maxime
ausdrückt, von dem, worüber wir das freie Disposizionsrecht oder freie Willkühr haben, einen solchen
Gebrauch zu machen, der am meisten zur Beförderung des allgemeinen Wohlseyns der Menschen bei-
träget. *Hiemit mögen die Pflichten gegen uns selbst
und der Moral untergeschlossen.*

Was nun noch die Erklärung Kants betrifft,
daß die Moral, als die gemeinsame Mutterwissen-
schaft der Rechts- und Tugendlehre angesehen werden
soll: so verdient dieß eine nähere Betrachtung.
Bisher hat man sie für die Tugendlehre selbst gehalten, und damit stimmen auch alle bisherigen Aeusserungen Kants über dieselbe überein. Ihr Geschäffte fieng daher auch damit an, ein oberstes objektives
Gesetz aufzustellen, welches zum allgemeinen Bestim-
mungsgrunde der Handlung eines jeden Menschen
dienen sollte. Und hiermit stimmte auch die Bedeutung überein, welche man den Wörtern, moralisch
(z. B. moralische Handlungsweise,) Moralität 2c.
gab, wobei man das Grundwesen derselben immer
darin setzte, daß es die innere Handlungsweise
des Menschen — der Idee von höchster Vernunft-

E 2   heit

heit angemessen — bezeichnen sollte, und demnach
nichts enthalten dürfte, was einem fremdartigen Be-
stimmungsgrunde, wie z. B. dem Zwange, gleich-
sah. Mit einem Worte, Moral und Ethik, um-
faßten nur, die Wissenschaft der Pflicht. Jetzt soll
moralisch und ethisch zweierlei seyn, und in einem
Abstammungsverhältnisse mit einander stehen.

Moral wird folglich hiermit eine Stelle höher
hinaufgeschoben und heißt mit einem andern Worte
die reinpractische Vernunftwissenschaft. Diese
hat nicht, wie auch angenommen worden war, (wie
man denn eben so oft zu wenig, als zu viel annimmt,)
nur Eine Provinz unter sich, sondern theilt sich in
zwei Theile.

Die reinpractische Vernunft hat nämlich zweierlei
Gesetzgebungen (nach unserer Theorie) vorzunehmen.
Die eine hat es mit dem Demarkationsge-
schäffte, der als physische Kräfte in Kollision ver-
setzten Vernunftwesen zu thun, und muß früher,
als die zweite vorgenommen werden, weil ausserdem,
die zweite sehr unpractisch seyn würde, wenn nicht
vorher jedem ein freier Wirkungskreis in dem Reiche
der Gemeinschaft (als nothwendige Bedingung eines
mo-

moralischen Daseyns,) abgemessen worden ist. Die
zweite hat es nicht mit einer gemeinsamen Sache, sondern mit der Privatsache eines jeden,
(denn dieß ist wohl der sittliche Wille) auf seinem gesammten, sowohl dem innern, als dem äussern,
seiner Willkühr überlassenen Territorium zu thun.
Dort ist von blosser äusserer Beschaffenheit unserer
Handlungen, unabgesehen auf die innern Bestim-
mungsgründe derselben; und hier nicht von jener,
sondern von dieser die Rede.

Künftig würde, mithin eine moralische Handlung nicht mehr eine solche bezeichnen, die aus
Pflicht geschieht; sondern die überhaupt mit den
Gesetzen der reinpractischen Vernunft übereinstimmt,
es mag durch solche die rechtliche Legalität der äussern
Handlungen, oder die Tugendhaftigkeit (Moralität
kann man nicht sagen, weil dieß nun mehr zu un-
bestimmt seyn würde,) der beiden Handlungsarten,
(der innern und äussern) bestimmet werden.

Aber eben deßwegen, weil dieß eine gänzliche
Umwerfung der mit diesen Wörtern verbundenen Begriffe seyn würde: so schlagen wir lieber zur Benennung der Mutterlehre den Namen practische Ver-

nunft

nunftwiſſenſchaft, oder practiſche Philoſophie vor.
Und dann bliebe Moral die Benennung desjenigen
Theiles derſelben, welche es mit dem innern
Menſchen zu ſchaffen hat; ſo wie die Rechts-
lehre der Name desjenigen Theiles, welche den
äuſſern Menſchen zum Subjekte ihrer objectiven
Geſetzgebung hat.

Bei beiden Wiſſenſchaften liegt der Begriff von
Freiheit zum Grunde. Dort wird er gebraucht, um
den Menſchen ſeiner eigenen Kauſſalität zu unterwerfen; hier um ihn der Kauſſalität ſeiner vorgefunde-
nen Geſellſchaft zu entziehen.

13.

"Tafel der Eintheilung der Rechtslehre. Erſter Theil.
Das Privatrecht in Anſehung äuſſerer Gegenſtände.
(Inbegriff derjenigen Geſetze, die keiner äuſſe-
ren Bekanntmachung bedürfen).

Zweiter Theil. Das öffentliche Recht. (Inbegriff derjenigen Geſetze, die einer öffentlichen Bekanntmachung bedürfen)".

Da-

Dagegen haben wir mancherlei zu erinnern und unsere Leser mögen unpartheiisch entscheiden, mit welchem Rechte.

Erstlich was soll das heißen: Gesetze, die keiner äuffern, oder öffentlichen Bekanntmachung bedürfen? Entweder ist hier von ihrer Gültigkeit, oder Geltendheit die Rede. Im erstern Falle wird folglich behauptet, daß es einige Gesetze gebe, die an sich gültig wären, wenn sie auch nirgendwo öffentlich bekannt gemacht würden, und einige, welche nur dadurch erst gültig würden, wenn sie in irgend einem Staate, als Gesetze anerkannt werden. Was das erstere betrifft, so ist bloß nicht nur in Beziehung auf einige Gesetze, sondern in Beziehung auf alle Rechtsgesetze wahr, weil recht, recht bleibet, es mag in der Welt anerkannt werden oder nicht. Folglich sind auch die Rechtsentscheidungen der Vernunft über die Verhältnisse der Menschen, wenn sie einen bürgerlichen Verein geschlossen haben, von ewig gültiger Natur, und bedürfen dazu keiner menschlichen Anerkennung.

Im zweiten Falle würde behauptet werden, daß einige Gesetze schon geltend wären, wenn sie

auch

auch nirgends durch öffentliche Gesetze für geltend
erkläret sind; und einige Gesetze nur dann geltend,
wenn sie als geltend aufgestellet wären.

Man siehet aus diesen widersprechenden Behauptungen sowohl, daß unser Philosoph, ihm unbemerkt,
die beiden Begriffe von gültig und geltend (im Ver-
nunftreiche und in der Sinnenwelt geltend), mit einander verwechselt habe; als auch, daß derselbe bei
Aufstellung des Hauptmerkmahls zur Unterscheidung
der beiden Theile sich bleßmahl vergriffen habe.
Kant wollte und mußte sagen: der erste Theil
der Rechtslehre enthielte die Gesetze über die Vor-
fälle in dem unveränderten, allgemeinen Sozialzustande; der zweite Theil aber, die Gesetze über
den, durch einen bürgerlichen Verein hervorgebrach-
ten veränderten Sozialzustand, daher denn die letztern allerdings eines solchen wirklich geschehenen Vereines bedürfen, ehe sie immanent
(ausführbar) werden können. Wobei wir uns übrigens der Kürze wegen, nochmahls auf unsere oben
mitgetheilte Erklärung, über die Eintheilung der
Rechtswissenschaft, berufen müssen.

Weil hier eine Verwechslung der beiden Begriffe von gültig und geltend gerügt werden mußte,
so

so können wir nicht umhin, diese Gelegenheit zu ergreifen, um unsere Leser auf eine dergleichen sehr alltägliche, und übrigens wegen der Folgen sehr wichtige Vertauschung aufmerksam zu machen. Sie lieget dem bekannten Satze zum Grunde: daß keine That früher bestrafet werden könne, als bis das sie verbietende Gesetz bekannt gemacht sey. Als Rechtssatz, wofür er gewöhnlich gebraucht wird, ist er durchaus falsch. Denn warum sollte eine That, die schon vor allen Gesetzen unrecht ist, nicht straffällig seyn? Das hieße ja, sie wäre recht, man hätte die Befugniß, sie zu begehen, und andere die Verbindlichkeit, solche als recht anzuerkennen; was folglich Widerspruch wäre, weil unrecht nicht zugleich recht seyn kann. Als Rechtssatz muß er vielmehr so lauten: jede ungerechte Handlung qualifiziret sich, so lange sie fortdauert, zu einer Handlung, gegen die auch die vereinte Macht zu wirken das Recht hat. Hingegen soll dieser Satz nur eine Instruction für den Richter seyn; so heißt er: die Richter sollen nach dem öffentlichen Willen, die ihnen anvertraute richterliche Gewalt nur gegen diejenigen gesetzwidrigen Handlungen gebrauchen, welche von der Zeit ihres Verbotes vorgefallen sind. Hier ist folglich nur vom geltenden und nicht vom

gül-

gültigen die Rede, welches beides, ohne von der Wahrheit auf Irrthum zu gerathen, nicht verwechselt werden kann.

Zweitens siehet man aus **Kants** Erklärung, daß der erste Theil seiner Rechtslehre, nur die Rechte in Ansehung äusserer Gegenstände — oder die das äussere Mein und Dein betreffen — enthält; mithin davon die Rechte, welche nach seiner, in der Einleitung selbst gemachten Eintheilung, das innere Mein und Dein betreffen, (die **Personalrechte,** die dem Menschen, als Person, oder selbstständiges Wesen zukommen,) gänzlich ausgeschlossen sind. Warum that doch dieses **Kant?** Warum erwähnet er derselben nur in der Einleitung so im Vorbeigehen? Warum setzt er gerade diese nicht nach ihrem so wichtigen Inhalt auseinander, da ja doch das Menschenrecht, (wie es **Kant** nennt,) das Kapitalrecht ist, an welches sich alle übrigen auf das genaueste anschließen. Wenn **Kant** einen sogenannten Juristen, der nur die Gesetze seines Landes, aber nicht die Rechtsprinzipien kennt, mit einem Kopfe ohne Gehirn vergleicht; so möchte ich eine Rechtslehre, ohne das Menschheitsrecht einen Körper nennen, der gar keinen Kopf hat. Doch der Respekt für den grossen

sen, verdienten Mann, verbietet mir, in weitere
Klagen und nähere Untersuchungen über diese nach-
theilige Weglassung aus zu brechen.

14.

"S. 72. Etwas Aeusseres als das Seine zu haben, ist
nur in einem rechtlichen Zustande, unter einer öffentlich - gesetzgebenden Gewalt, d. i. im bürgerlichen Zustande, möglich. S. 73. Ich bin nicht verbunden, das äussere Seine des andern unangetastet
zu lassen, wenn mich nicht jeder Andere dagegen
auch sicher stellt, er werde in Ansehung des Meini-
gen sich nach eben demselben Prinzip verhalten. —
Also kann es nur im bürgerlichen Zustande ein äusseres Mein und Dein geben.

S. 74. Im Naturzustande kann doch ein wirkliches,
aber nur provisorisches äusseres Mein und Dein
statt haben. — Denn bürgerliche Verfassung ist allein
der rechtliche Zustand, durch welchen jedem das Seine nur gesichert, eigentlich aber nicht aus-
gemacht und bestimmt wird. — Alle Garantie setzt
also das Seine von Jemanden (dem es gesichert
wird,) schon voraus.

Aufrichtig zu gestehen, so fühlen wir einen innern, von unserer Willführ unabhängigen Widerwillen gegen alle Säße, die bei allem Widerspruche dennoch wahr seyn sollen. Letzteres können sie doch nur seyn, wenn sie keinen Widerspruch enthalten. Warum drückt man sie daher nicht so aus, daß sie keinen Widerspruch enthalten? Es scheint dann zwar nicht mehr so tief gelehrt; aber dafür ist es desto faßlicher, was uns bei practischen Wahrheiten über alles gehen sollte.

Ohne Widerspruch lautet diese ganze Behauptung auf folgende Weise. Eigenthum kann sich jeder auch in dem allgemeinen Sozialzustande erwerben; gesichert wird es uns aber erst durch den bürgerlichen Verein.

Wäre Kant davon ausgegangen, den Rechtsbegriff von dem irgendwo Geltenden oder Gesetzmäßigen abzusondern, so würde Er nie in den Fall gekommen seyn, widersprechende Lehrsätze aufzustellen. So aber, da er auch das Gesetzmässige eines Landes (was irgendwo als Gesetz gilt,) recht nennt, es mag solches mit dem Rechtsprinzip übereinstimmen oder nicht, muß er stets auf beide Rücksicht nehmen,

und

und überall unterscheiden, was jure (nach dem Sozialgesetze) und was de jure (nach irgend einem bürgerlichen Gesetze) geschieht, wem ist aber an solchen
Behauptungen etwas gelegen, wie z. B. S. 64., daß
man zwar im natürlichen Zustand etwas mit Recht
(jure) besitzen könne, aber nicht von rechtswegen
(de jure) d. i. unter dem Schutze eines öffentlichen
Gesetzes?

Auf diese Weise muß man mehrere vorkommende
Widersprüche und daher entstehende Dunkelheiten erklären. Wir können dieß unsern Lesern nunmehr selbst
überlassen, zumahl wenn wir ihnen noch kürzlich die
ganze rechtliche Untersuchung über das Eigenthum
auf eine weit faßlichere Weise vorlegen werden.

Wir nennen jede von uns unterschiederte Sache
unser Eigenthum, wenn wir befugt sind, von andern zu fordern, es als zu unserm unabhängigen
Gebiete (Personalreiche) gehörig anzusehen. Hierdurch wird folglich eine Sache dem gemeinschaftlichen
Reiche — das nur zum Gebrauche vorhanden ist —
eximirt und andern unzugängig gemacht. Damit eine
Sache aus dem gemeinschaftlichen Reiche in das Pri-
vatreich gelangen könne, dazu wird erfordert. 1) ein

Act

Act. überhaupt, als Ursache einer angenommenen
Wirkung; 2) daß ich durch das höchste Socialgesetz
zu diesem Act berechtiget bin, so wie nach demselben
auch jedem frei stehen muß; 3) daß durch diesen
Act auch wirklich etwas so mit meiner unabhängigen
Person vereiniget werde, wodurch es für die andern
unmöglich gemacht wird, diese Sache wider meinen
Willen zu gebrauchen, ohne mich dadurch zu löst-
ren. — Die weitere Ausführung hiervon finden die
Leser in meiner Rechtswissenschaft.

15.

"S. 73. Wenn es rechtlich möglich seyn muß, einen
äussern Gegenstand, als das Seine zu haben: so
muß es auch dem Subjecte erlaubt seyn, jeden andern, mit dem es zum Streit des Mein und Dein
über ein solches Object kommt, zu nöthigen, mit
ihm zusammen in eine bürgerliche Verfassung zu
treten.

Kant und schon vor ihm ein anderer angesehe-
ner Philosoph, nehmen an, daß der Mensch gezwungen werden könne, mit andern einen bürgerlichen
Vereinigungsvertrag einzugehen. Dieses Zwangsrecht
wird

wird von ihnen nicht unmittelbar aus dem höchsten Sozialgesetze oder Rechtssatze abgeleitet, sondern aus dem Rechte, einen äussern Gegenstand, als das Seine zu haben, welches jenes Zwangsrecht als das einzig mögliche Mittel, dasselbe wirklich zu machen, in sich schließet.

Dieses siehet schon an sich etwas verdächtig aus; denn dieser Lehrsatz scheint nur dem Bedürfnisse sein Daseyn zu verdanken zu haben. Weil diese Philosophen nämlich ihren Beweis für die Gültigkeit des im ausserbürgerlichem Zustande möglichen Eigenthums aus ihrem aufgestellten Rechtsprinzip — und zwar mit Grunde — nicht führen können: so gaben sie solches der durch öffentliche Gesetze sich darüber zu erklärenden Willkühr der Menschen anheim. Da unterdessen die Menschen doch ein Recht zum Eigenthum haben müssen, und die Schuldigkeit des Philosophen ist, solchen zur Ausübung desselben, oder zum Besitz von wirklichen Eigenthume zu verhelfen: so wird demselben aus seinem Recht zum Eigenthume dargethan, daß er seine freien Mitmenschen zwingen könne, mit ihm in einen Zustand zu treten, wo sein Recht realisiret werden könne.

Das

Das ausschließende Gebrauchsrecht an einem sonst allen zugängigen Gegenstande, setzt eine Handlung voraus, worauf jenes Recht nach dem höchsten Sozialgesetze entspringet. Nicht dem Belieben der Menschen ist es anheim gegeben, was Eigenthum seyn soll, sondern die Vernunft hat auch hierin jedem sein unabhängiges Gebiet zugemessen. Folglich kann durch den Verein nicht erst ein Eigenthum entstehen, sondern durch denselben wird dasselbe — als nicht blos möglich, sondern als schon wirklich vorhanden, beschützt.

Uebrigens ist es gar eigen, daß der freie Mensch zu einer unfreien Handlung gezwungen werden soll; daß der bürgerliche Gesellschaftsvertrag zu einer Zwangssache gemacht wird. Und dieses grosse Opfer nur deswegen, um den Menschen dadurch Eigenthum zu verschaffen. Damit sie den Menschen an Sachen reicher machen, machen sie ihn an seiner Person ärmer.

Nein, weil der Mensch für seine Person frei ist: so kann er zu keiner Handlung auf diesem seinem unabhängigen Personalgebiete gezwungen werden, und es darf ihn niemand als nichtfrei, oder
Sclav

Sclav (societati privatae adscriptus) vindiziren. Ein
bürgerlicher Verein ist ein freier Vertrag, und die
Menschen treten durch einen Act der Freiheit, nicht
aus Zwang dazu. Die Vernunft macht es nur zu
einer unerläßlichen Pflicht für jeden, nicht allein in
einen solchen Verein zu treten, sondern auch solchen ihren
Forderungen gemäß einzurichten, weil weder Sittlichkeit noch Glückseligkeit ohne einen solchen Verein vorzüglich auf Erden gedeihen kann.

(handschriftliche Randbemerkung)

So bald man sich von der rechtlichen Möglichkeit überzeugt haben wird, eine Sache zu seinem un-
zugänglichen Personalreiche zu ziehen, ohne daß man
dazu die Einwilligung oder Anerkennung der andern
nöthig hat, wird man auch um so lieber den Begriff
vom Staate, als einer sich durch gegenseitigen Zwang
konstituirenden Gesellschaft, aufgeben. Aber eben das erstere hält für alle diejenigen um so schwerer, welche die
schon oft erwähnten Begriffe von gültig und geltend
noch nicht zu unterscheiden gelernt haben, und daher
auch beide, verwechseln, wenn die Frage vorkommt:
ob zum Eigenthume die Anerkennung anderer nöthig
sey? Ja! um es geltend, aber nicht um es gültig
zu machen. Letzteres ist es schon vorher, und muß
es seyn, weil es nicht aus dem Willen, sondern aus

F   der

(handschriftliche Notiz am unteren Rand)

der Vernunft hervorgehend ist. Daher kann auch das Ungültige (was unrecht ist) nicht dadurch in Gültig verwandelt werden, wann man es geltend gemacht hat.

Mit dieser Darstellung fället auch die Einthelung des Eigenthums in provisorisches und peremtorisches von selbst, als gänzlich unnöthig, hinweg.

16.

S. 131. Die Erwerbungsart durch Besitzung. "Ich erwerbe das Eigenthum eines Andern bloß durch den langen Besitz (usucapio). Denn, (S. 132.) wer nicht einen beständigen Besitzact (actus possessorius) einer äusseren Sache, als der seinen, ausübt, wird mit Recht als einer, der (als Besitzer) gar nicht existiret, angesehen; denn er kann nicht über Läsion klagen, so lange er sich nicht zum Titel eines Besitzers berechtiget, und wenn er sich hinten nach, da schon ein Anderer davon Besitz genommen hat, auch dafür erklärte, so sagt er doch nur, er sei ehedem einmal Eigenthümer gewesen, aber nicht er sey es noch, und der Besitz sey ohne einen kontinuirlichen rechtlichen Act ununterbrochen geblieben."

Die-

Diejenigen Gesetzgeber, welche die Präscription oder Verjährung eingeführt haben, hatten die Vorstellung, daß durch langen Besitz eine Sache, welche fremdes Eigenthum sei, endlich eigenthümlich werden könne, nur ganz dunkel aufgefaßt, ohne sich darüber Rechenschaft geben zu können, weil sie überhaupt keinen **deutlichen** Begriff von dem **rechtlichen Entstehungsgrunde** des Eigenthumes hatten. Daher auch die Angabe der Zeit, wo das Verjährungsrecht eintritt, nur willkührlich ist; obgleich auch nicht geläugnet werden kann, daß ihnen bei diesem Acte ihrer Willkühr jener rechtliche Entstehungsgrund des Eigenthums dunkel vorgeschwebet habe. Ein Beweis, daß das Sozialgesetz jedem ins Herz gegraben ist, wenn es auch nicht von jedermann gelesen und angewendet werden kann.

Die Gesetzausleger, welche einen rechtlichen Grund dieser gesetzlichen Verordnung aufzufinden sich Mühe gaben, beriefen sich theils auf eine präsumirte Einwilligung dessen, der sein Eigenthum nicht weiter zu besitzen begehret hat; theils auf eine Verlassenschaft des Eigenthums, wodurch dasselbe eine herrenlose Sache geworden sey u. s. w.

Kant

Kant gesellt sich zu diesen Auslegern, indem er einen neuen Rechtsgrund vorleget, der darin bestehen soll: 1) daß keine Läsion vorgegangen sei, weil der ehemalige Eigenthümer sich nicht, während der Anspruchslosigkeit, zum Titel eines Besitzers berechtiget hat; 2) daß der ehemalige Eigenthümer bei der Reklamation nicht sagen könne, die Sache sey noch sein Eigenthum, sei es, ohne einen kontinuirlichen rechtlichen Act geblieben. Aber eben dieß wird ja gefragt — ob ein Eigenthum seinem Eigenthümer bleibt, wenn er solches auch lange Zeit nicht in Anspruch genommen hat; ob er ohne einen kontinuirlichen Act seines Eigenthumsrechtes solches nach einiger Zeit noch als sein gebliebenes Eigenthum zurückfordern könne; ob — mit einem Worte — Eigenthum, auch ohne fortgesetzte Anmaßung desselben, Eigenthum bleibe, oder ob dazu erforderlich ist, wenn man es nicht verliehren will, andern Personen zu wissen zu thun, daß wir es noch als unser Eigenthum betrachten. Daher scheint es entweder petitio principii zu seyn, oder Kant hat etwas anderes sagen wollen, als er wirklich gesagt hat.

Was wir hier über diese Rechtsfrage sagen können, ohne unserer in Druck gegebenen Rechtswissenschaft

schaft vorzugreifen, ist folgendes. Eigenthum bleibt seinem Karakter getreu, nach welchem es nicht nöthig ist, daß der Herr desselben demselben entweder gegenwärtig sei, oder überhaupt als solcher gegen dasselbe sich thätig beweise. Der Eigenthümer kann von demselben sich entfernen, oder auch keinen — nicht einmahl den Gebrauch von demselben machen, ohne von demselben vor andern zu behaupten, es sei sein Eigenthum. Dieses ist also gerade die entgegengesetzte Behauptung. Der Grund für dieselbe liegt theils darin, daß durch das Weggehen von dem Eigenthume, und dem Nichtgebrauche desselben, an dem wesentlichen Verhältnisse zwischen einem Eigenthümer und einer eigenthümlichen Sache, allgemein angenommener Weise, nichts verändert werde, indem in dem Begriff von Eigenthume, die Nothwendigkeit des Dableibens und des wirklichen Gebrauches, nicht enthalten ist; theils weil aus dem höchsten Sozialgesetz — wie zu seiner Zeit erwiesen werden soll — gerade die Verbindlichkeit folget: sich an keiner Sache zu vergreifen, die den Karacter des Eigenthümlichen an sich trägt, und zwar dieß ganz unabgesehen von der Person des Eigenthümers. Woraus denn natürlich folgt, daß Eigenthum durch fremden Besitz nie aufgehoben werden könne, so wenig als Recht in Unrecht zu verwandeln ist.

F 3   Eine

Eine ganz andere Gestalt aber bekommt die näm-
liche Frage, wenn man sie so hinstellt: ob nicht der
rechtliche Entstehungsgrund eines Eigenthums
nach und nach verlöschen könne? wodurch, wenn
dieß erwiesen werden sollte, es auch rechtlich dargethan wäre: daß ein vorheriges fremdes Eigenthum
noch das Eigenthum eines fremden Besitzers werden
könnte, und mithin das Präscriptionsgesetz vor der
Hand nicht zu verwerfen wäre, bis man im Stande
ist, solchem rechtlichere Bestimmungen zu geben.

Hiermit fällt denn auch die Besorglichkeit weg,
welche Kant auf den Fall äussert, wenn diese Ver-
jährungsgesetze aufgehoben würden, weil dann aller
Besitz unsicher gemacht würde. Aber auch ohne dieß
würde es damit keine Noth haben, weil der Staat,
dessen richterlicher Machtsbeistand aufgefordert wird,
demjenigen, der eine Sache in Anspruch nimmt, den
Beweis der Rechtmäßigkeit seiner Ansprüche abfordern
muß. Man nehme daher an, als könne ein gewisser
A auch beweisen, daß er der rechtmäßige Erbe von
C sei, der vor etlichen hundert Jahren ein Grund-
stück des jetzigen Besitzers B eigenthümlich besessen habe: so folgt hieraus nichts mehreres, als was dieß
besaget, nämlich daß C es damahls eigenthümlich be-

beſeſſen habe. Mehr und zwar, daß er und ſeine Erben es beſtändig eigenthümlich beſeſſen haben,
liegt nicht darin. Mit Recht wird daher von dem Kläger gefordert, daß er auch letzteres beweiſe. Dieſes
kann er nun in dieſem Falle nicht anders darthun,
als daß er den Beweis führet: es ſei ihm oder ſeinen Ascendenten auf eine unrechtmäſſige Art entriſſen
worden.

Hiermit werden noch nicht alle diejenigen zufrie-
den geſtellet ſeyn, welche in der Welt ſo viele un-
rechtmäſſig entwendete Güter wahrnehmen. Aber nie
möchten wir auch die Ehre erhalten, eine rechtsmäſ-
ſige Deduction für ungerechtes Gut geliefert zu haben.
Jedoch müſſen wir dieß noch zur Beruhigung jener
ſagen, daß nach unſerer Theorie vom Eigenthume
die böſe That des ungerechten Wegnehmens zwar nie
gerechtfertiget, jedoch auch dargethan werde, wie
manche dergleichen böſe Thaten mit dem Eigenthums-
karacter ſelbſt verſchwinden müſſen. Wie voll müßte
auch die Welt von Ungerechtigkeiten werden, wenn
die Vorſehung nicht dafür geſorgt hätte, daß die Natur ſelbſt ſolche nach und nach vernichten könnte.

17.

17.

S. 136. "Testamente sind auch nach dem bloßen Naturrecht gültig; welche Behauptung aber so zu verstehen ist, daß sie fähig und würdig seyn, im bürgerlichen Zustande (wenn dieser dereinst eintritt,) eingeführt und sanctionirt zu werden. Denn nur dieser,
(der allgemeine Wille in demselben,) bewahrt den
Besitz der Verlassenschaft während dessen, daß diese
zwischen der Annahme und der Verwerfung schwebt,
und eigentlich keinem angehört."

Ueber die Rechtlichkeit der Testamente im allgemeinen Sozialzustande wurde in den letztern Jahren
unter den Naturrechtslehrern sehr viel debattirt. Fast
alle — bis auf den Hr. Prof. Heydenreich — giengen
zu der Meinung über, daß sie keine Rechtsgründe
für sich habe; und zuletzt trat ihnen auch der eben
genannte Philosoph bei. Kant scheint von der einen
Seite geneigt zu seyn, sie annehmen zu wollen, zumahl da die Gesetze sich dafür erklären; von der andern Seite aber scheint er davon nicht vollkommen
überzeugt zu seyn und schränkt ihre Gültigkeit wieder
so ein, daß von ihrer Gültigkeit nichts weiter als
der Name übrig bleibt. Er sieht die Sache aus fol-
gendem Gesichtspuncte an.

Es

Es ist rechtlich möglich, durch Erbeseinsetzung zu erwerben. Denn von Seiten des Erblassers ist das hierzu nöthige versprochen, und von Seiten des Erbnehmers ist nicht nur das ausschlußliche Recht die Erbschaft zu acceptiren vorhanden, sondern es ist auch nothwendiger Weise anzunehmen, daß der Erbnehmer sie auch stillschweigend acceptire, weil es Gewinn für ihn ist. — Aber damit sagt Kant auch nichts weiteres, als daß der Erbnehmer sie mit Recht übernehmen könne; aber nichts bestimtes darüber: ob das ausschlußliche Recht, eine durch den Tod eines Menschen erledigte Sache, als Erbschaft zu übernehmen (zu welchem Titel freilich nur der ernannte Erbe befugt ist) allen übrigen Menschen die Verbindlichkeit auferlege, sich der erledigten Sache zu enthalten und solche nicht als ein heimgefallenes Gemeingut anzusehen. Vielmehr scheint Er andeuten zu wollen, daß er das Recht nicht so weit ausgedehnt wissen wolle, indem er die Gültigkeit der Testamente nur dahin erkläret, daß solche fähig und würdig seyen, im bürgerlichen Zustande als gültig angesehen zu werden. Und in dem Schluße der oben angeführten Stelle scheint er es sogar für nöthig zu finden, daß die Menschen sich vereinigen, die Erbschaft als eine niemand (folglich auch nicht dem ernannten

F 5   Er-

Erben) gehörige Sache (die folglich jedermann in
Besitz nehmen kann) in einstweilige Verwahrung zu nehmen, bis sie von dem Erbnehmer durch
wirkliche Acceptazion rechtlich erworben worden ist.

Wir bedauern, daß wir nicht mehr aus den Worten Kants heraus erklären können, als er für gut
befunden hat, durch dieselben von seiner Ueberzeugung zu offenbaren. Jedoch zweifeln wir fast, ob
weder Er oder andere sich noch bestimmter erklären
können, weil die von ihnen zum Grunde gelegte Theorie vom Eigenthume mehr nicht, als höchstens das
vorzügliche Erwerbungsrecht dem ernannten Erben
einräumen kann. Nach unserer Theorie vom Eigenthume aber erhellet die allgemeine Verbindlichkeit,
alles Eigenthum, ganz unabgesehen von der
Person des Eigenthümers (er sey, wo er wolle) als Eigenthum zu respectiren. Ist dieß bewiesen,
so ist das Testament auch noch nach dem Tode gültig,
und die Hinterlassenschaft nur von demjenigen mit
Recht zu übernehmen, der es Kraft des fortgehenden
Willens des Eigenthümers thun kann. Alle Uebrige
können es nicht, ohne Eigenthum zu verletzen.

Her.

Hiermit wären dann auch die bürgerlichen Gesetze gerechtfertiget. Denn könnte die Rechtmäſſigkeit
nicht nach dem Sozialgeſetze erwieſen werden: ſo würden die Geſetze ungerecht handeln, indem ſie ihren
Schutz dem Erbnehmer gegen jeden verleihen, der
doch das Recht hat, die Hinterlaſſenſchaft, als eine
in die Gemeinſchaft zurückgegangene Sache zu betrachten, und ſolche daher als Eigenthum zu erwerben.
Wollte man auch annehmen, daß die geſammte Bür-
gerſchaft zu Gunſten eines jeden Erbnehmers ihrem
Rechte auf das durch den Tod des Eigenthümers
heimgefallene Gemeingut entſagen könne: ſo würde
nöthig ſeyn, daß jeder ſich darüber erkläre, weil es
ein jus ſingulorum iſt, wo die Mehrheit der Stimmen nicht hinreicht. Ueberdieß würde jeder Nichtbür-
ger dennoch berechtiget ſeyn, eine ſolche Verlaſſen-
ſchaft in Beſitz zu nehmen — folglich eine ſolche Kon-
venzion den beabſichtigten Zweck doch nicht völlig erreichen.

18.

S. 140. "Die Frage iſt hier nicht bloß, was iſt an
ſich recht, wie nämlich hierüber ein jeder Menſch
für ſich zu urtheilen habe, ſondern, was iſt vor
einem Gerichtshofe recht, d. i. was iſt Rechtens

tens (gesetzmäffig) und da giebt es vier Fälle, wo
beiderlei Urtheile verschieden und entgegengesetzt ausfallen, und dennoch neben einander beste-
hen können; weil sie aus zwei verschiedenen, bei-
derseits wahren, Gesichtspunkten gefället werden: die eine nach dem Privatrecht, die andere
nach der Idee des öffentlichen Rechts. — Sie sind:
der Schenkungs- und Leihevertrag, die Wiedererlan-
gung und die Vereidigung."

Diese vorliegende Stelle ist in zweierlei Rücksicht
vorzüglich betrachtungswürdig. Erstlich deßwegen,
weil Kant in dieser Stelle die merckwürdige Erklärung thut, daß es nur vier Fälle giebt, wo die
bürgerlichen Justizgesetze mit den ewigen Rechtsgesetzen in Widerspruche seyn, und doch das Recht auf
ihrer Seite haben können. Mithin erkläret hiermit
Kant zugleich, daß in allen übrigen Fällen die
Abweichungen der öffentlichen Justizgesetzen von den
ewigen Rechtsgesetzen ungerecht heißen. Dieß merkwürdige Bekenntniß mögen sich diejenigen merken,
welche von Kant sich bisher verleiten ließen, zu glauben, als wäre alles Recht, was die öffentlichen Gesetze dafür erklären, und mithin hätte es nichts zu
bedeuten, wenn auch diese mit dem sogenannten Na-
turrechte in Widerspruche wären.

Noch

Noch wichtiger ist in unsern Augen die Behauptung Kants: daß ein wirklicher Widerspruch zwischen beiden Gesetzgebungen statt finden, und die verschiedenen Entscheidungen derselben dennoch neben einander bestehen können. Letzterer Ausdruck kann doch unmöglich etwas anderes sagen: als daß sie vor der Vernunft als rechtlich bestánden; welches daher káme, weil sich zwei verschiedene, aber dennoch wahre Gesichtspunkte fánden, nach welchen das Urtheil, um es recht zu fassen, nothwendiger Weise verschieden ausfallen müsse.

Also hinge die Rechtentscheidung über ein und dasselbe Factum doch in einigen Fällen von Umstänben ab, die hier darin bestehen, daß die Vernunft durch zwei verschiedene Personen spricht; dort durch den Menschen, und hier durch den Richter. Durch letztere Person muß folglich eine Verwandlung des Rechtes in Unrecht, und des Unrechts in Recht vorgehen. Dieß muß man annehmen, wenn man sich auch hinter den Worten versteckt, daß ein verschiebener Gesichtspunkt statt finde. Denn an dem Hauptgesichtspunkte "wie entscheidet das Sozialgesetz über dasselbe" kann nichts verándert werden; sondern man muß annehmen, daß der ganze Unterschied darin bestеstehet: hier urtheilt Ein Mensch als Selbstrichter; dort urtheilt eine ganze Gesellschaft (der Staat) deren Machtbeistand zu Hülfe gerufen wird. Beide wollen Recht sprechen; mithin ist der ganze Unterschied bloß persönlich, und man muß annehmen, daß hierdurch etwas am Recht verändert werden könne, was doch nicht seyn kann.

Unsere Leser werden nunmehr sich endlich an die Bemerkung gewöhnen, daß Kant überall, wo er den öffentlichen Gesetzen zu Gunsten spricht, und der herrschenden Meinung von denselben, als wirklichen Rechtsaussprüchen, huldiget, in Behauptungen verfällt, die mit Seinem Tiefsinne sich nicht vereinigen lassen, und mithin auf die Rechnung eines zu gefälligen, toleranten Herzens zu setzen sind.

Um aber den Beweis noch anschaulicher zu führen, daß Recht auch im Munde des öffentlichen Richters nie Unrecht werden könne: so wollen wir einen der gegebenen Fälle untersuchen, auf die sich Kant beruft, um die Möglichkeit seiner Meinung zu beweisen.

Wenn bei einem Schenkungsvertrage der Schenkende sich auch nicht ausdrücklich vorbehalten hat, zur

zur Erfüllung des Versprechens der Reue, von dem
Beschenkten nicht gezwungen zu werden: so darf der
Beschenkte dennoch nicht den Schenkenden zur Erfül-
lung seines Versprechens zwingen. So entscheidet die
Vernunft, weil sie nach dem Sozialgesetze jedem
Menschen das Recht der Unveräusserlichkeiten seines
Willens zuspricht; und in dem vorliegenden Falle,
wenn man dem Beschenkten ein Zwangsrecht gegen
den Schenkenden zuschreiben würde, der Wille des
Einen an den andern veräussert, angenommen werden
müßte. *Ist die Unveräusserlichen, der ganze Wille?*

Nach den öffentlichen Gesetzen wird, diesem Ver-
nunftausspruche entgegen, angenommen, daß der
Zwang allerdings statt finde, weil der Schenkende
nicht beweisen kann, daß er sich den Reuefall vorbehalten habe. — Kant rechtfertiget dieses aus dem
Grunde "weil ein öffentlicher Richter sich nicht auf
Präsumtionen von dem, was der eine oder der andere
Theil gedacht haben mag, einlaßen kann; und weil
ihm sonst das Rechtsprechen unendlich erschwert, oder
gar unmöglich gemacht werden würde."

Hierbei ist erstlich die Frage zu beantworten: ob
in einem Falle, der von dem Sozialgesetze so bestimmt

ſtimmt entſchieden wird, an Präſumtionen auch nur
zu denken iſt. Letztere kommen nur in einem Falle
zum Vorſchein, wo das Factum noch im Dunkeln iſt.
Und dann iſt es Regel der Gerechtigkeit, ſich auf
ſolche nicht einzulaſſen, weil ſie vor Ungerechtigkeiten
nicht ſichern, welche der Richter als das ſchlimmſte
Uebel immer im Auge haben muß. Es muß vielmehr
bei einem ſolchen in Ungewißheit liegenden Falle denken: ultra poſſe nemo obligatur. Der Staat hat
ſich nur vereiniget, um demjenigen mit ſeiner ge-
ſammten Macht beizuſtehen welcher wirklich geſetzli-
ches Unrecht leidet. Kann dieß nicht klar dargethan
werden: ſo wird der Fall als nicht zu entſcheiden
abgewieſen. Aber hier iſt das Factum klar, und es
iſt gleichviel, ob der Schenkende ſich die Zwangslo-
ſigkeit vorbehalten hat oder nicht. Folglich liegt hier
den öffentlichen Geſetzen ein Irrthum zum Grunde,
welcher zu ungerechten Ausſprüchen verleitet.

Zweitens ſehen wir nicht ein, warum das Rechtſpre-
chen erſchweret wird, wenn in den Gerichtshöfen nicht
als Grundſatz aufgeſtellt würde: daß in ſolchen an
ſich ſchon beſtimmten Fällen es auf ausdrücklichen Vorbehalt ankomme. Jener Grundſatz kommt nur auf
ſolche Fälle in Anwendung, wo durch einen ſolchen
Vor-

Vorbehalt von dem andern etwas neues erworben
werden kann.

Haben wir noch Unrecht zu behaupten; daß zwei
sich entgegengesetzte Rechtsaussprüche eben so wenig sich
gedenken lassen, als eine Verschiedenheit im Urtheile
über die Zahl der Winkel in einem Dreiecke?

19.

S. 154. Uebergang von dem Mein und Dein im Naturzustande zu dem im rechtlichen Zustande überhaupt.
"Der rechtliche Zustand ist dasjenige Verhältniß der
Menschen unter einander, welche die Bedingungen
enthält, unter denen allein jeder seines Rechts theilhaftig werden kann, und das formale Prinzip der
Möglichkeit desselben, nach der Idee eines allgemein
gesetzgebenden Willens betrachtet, heißt die öffentliche Gerechtigkeit. — Der nicht - rechtliche Zustand, d. i. derjenige, in welchem keine austheilende
Gerechtigkeit ist, heißt der natürliche Zustand.

Hermit sind wir an die Schwelle des Staats-
rechts gelangt, einer Wissenschaft, die so unendlich
wichtig, und dennoch im Grunde noch sehr wenig
angebauet ist, theils, weil sehr viele Philosophen an

dem

dem in sie von Jugend auf, hineingewachsenen politischen Aberglauben (der in seiner Art so hartnäckig wie der religiöse ist) sich krank befinden; theils, weil sie nicht Herz genug haben, wenn ihr Nachdenken auch auf diese Wissenschaft gelenket wird, der Wahrheit ganz Gehör zu geben. Sie erschrecken vor ihr, weil ihr Ideal von Staat mit den wirklichen Staaten in so manchem Widerspruche steht. Daher finden sie es für weit zuträglicher, jenes diesen, als diese jenem anpassend zu machen. Dadurch entstehet denn ein Zwitter von einem Staatsrechte, der dem reinen bis jetzt den Zugang bei dem Menschen versperrt.

Wer auch in dem politischen Fache ein Freigeist seyn, d. h. von aller politischen Superstition befreit, nur der Wahrheit getreu seyn will, der muß vorzüglich bei den Anfangsgründen dieser Wissenschaft sehr auf seiner Hut seyn, damit nur hier kein Vorurtheil sich einschleichen möge, das durch die ganze Reihe von Untersuchungen nichts als Irrthum und halbe Wahrheiten erzeugen mag. Daher bitten wir unsere Leser, sich es recht sehr angelegen seyn zu lassen, den vermeintlichen Uebergang aus dem allgemeinen Sozialzustande in den besondern des bürgerlichen Vereines mit klaren Augen aufzufassen.

Der

Der allgemeine Sozialzustand ist ein Zustand des Krieges, und muß es bleiben, so lange die Menschen in dem Verhältnisse physischer Wechselwirkung stehen. Ob nun gleich die Vernunft diesen Widerstreit durch ihr höchstes Sozialgesetz sehr gut zu lösen weiß, und durch dasselbe die Grenzlinie seiner Wirksamkeit ziehet: so kommt es ja gleichwohl noch auf die Menschen an, ob sie demselben Folge leisten wollen, und wenn sie dieses wollen, ob sie das Sozialgesetz auch richtig verstanden und angewendet haben. Wo zwei streitende Partheien sind, da muß es durchaus an einer derselben liegen, welche unrecht hat, daß sie solches entweder nicht einsehen kann, oder nicht befolgen will.

Man muß nicht ungehalten gegen die Vorsehung werden, daß sie diesen Zustand entstehen ließ. Ohne denselben würde der Mensch wenig Gelegenheit zu seiner sittlichen Ausbildung haben. Gerade dieser Kampfplatz giebt ihm tausend Gelegenheiten, moralisch zu handeln. — Und überhaupt war es absolut unmöglich, den Menschen zusammen einen Planeten zu ihrem moralischen Wirkungskreise anzuweisen, ohne sie zugleich zu Sinnenwesen zu machen, mithin sie dem Gesetze des Kausalitätsverhältnisses unter sich zu unterwerfen.

G 2   Man

Alle Menschen sind freie Wesen, und als solche
sind sie ihrer eignen Vernunft unterworfen, welche
sie nur allein als ihren Oberherrn anerkennen. Daher ist jeder Mensch sein eigener Gesetzgeber und Richter. Daß dieß so ist, ist unvergleichlich gut. Wäre
es nicht so, so wäre der Mensch nicht mehr Mensch.
Lassen wir uns daher nicht von der eitlen Furcht be-
fallen, daß etwas, was der Schöpfer gemacht und
verordnet hat, schlimm sey, weil wir schlimmes
daraus erfolgen sehen.

Wenn zwei Partheien, die ihre Rechtssache vor
ihrer respectiven Vernunft bringen, in Streit gerathen: so sucht jeder das, was ihm recht scheint geltend zu machen. Und dieß ist ganz natürlich. Denn
warum sollte man das nicht zu behaupten suchen,
was man behaupten darf und kann. Mithin ist das
jus fortioris kein Unding, wenn es recht verstanden
wird. Nicht die Kraft giebt ein Recht, sondern die Kraft hat das Recht, das Recht
geltend zu machen. Wir müssen daher dieses
Recht bestimmt so ausdrücken: Jeder Mensch ist
befugt, dasjenige geltend zu machen, was
ihm recht däucht. Soll er nicht hiezu befugt
seyn? Oder hat der Schwächere ein Recht, von
dem Stärkern zu verlangen, daß er seiner (des

Schwä-

Schwächern) Ueberzeugung vom Rechte folge? — Auch vor dieser Wahrheit wollen wir nicht erschrecken; und die schlimmen Folgen daraus nicht eher sehen, als bis sie wirklich zum Vorschein kommen.

Jeder Mensch muß es für nothwendig halten, sich mehr Macht zur Geltendmachung seiner Rechtsame zu verschaffen, weil er bei aller Stärke doch immer besorgen muß, sehr oft der Schwächere zu seyn. Denn es wird nicht immer Kraft mit Kraft gemessen, sondern gar oft kann der Schwächere durch Gewandheit, List, vortheilhafte Lage und Zeit u. d. g. die Uebermacht über den Stärkern erhalten.

Das zweckmäßigste Mittel ist hierzu, daß der Mensch mit andern einen Verein der Kräfte schließet, um alle Rechte gegenseitig auf das ausdrücklichste zu schützen. Nothwendig ist es hierbei, daß die Vereinigten darüber überein kommen, was jedem Menschen für Rechte zugestanden werden sollen. So oft alsdann der Fall eintritt, daß ein solches dafür erklärtes Recht in Gefahr kommt, kann der vermeintliche Rechtsinhaber die vereinigte Macht zu seinem Schutze reklamiren; und die Richter sind weiter nichts, als die von der Gesellschaft aufgestellten Per-

G 3 so-

sonen, um zu untersuchen, ob diese Reklamation statt finde oder nicht.

Was wird durch diese Modifikation (nicht Ver-
lassung) des allgemeinen Sozialzustandes verändert?
und was nicht verändert?

Nicht verändert wird das allgemeine rechtliche
Verhältniß, vermöge welches jeder befugt ist, sein
Recht geltend zu machen. Jeder ist fortwährend sein
eigner Richter, was die Berichtigung der Frage betrifft: ob er in dem gegebenen Falle recht habe, d. i.
zu handeln — sey es mit oder ohne Zwang — befugt sey. Darüber haben die öffentlichen Richter
nicht zu urtheilen; denn deren Bestimmung ist nur,
die Frage zu beantworten: ob die Gesellschaft in dem
vorliegenden Falle sich anheischig gemacht habe, mit
ihrer Gesammtmacht dem Kläger zu Hülfe zu kommen.

Ganz falsch ist folglich die Meinung, als hätten
diese Richter über mich zu richten, in wie ferne ich
wissen will, ob ich recht habe oder nicht. Nein,
dieß will ich nicht wissen; sondern ob diejenigen,
mit welchen ich einen gegenseitigen Vertrag zur Be-
schirmung unserer Rechte eingegangen habe, nicht

ver-

vermöge desselben verbunden sind, mir in dem ange=
zeigten Falle, Beistand zu leisten. Von meiner Sei=
te folglich handelt die Anfrage von Verbindlichkeit;
der Richter aber, als die vollziehende Macht des Rechts=
beistandes hat nachzusehen, ob solche auch statt finde.
Dieses kann er jedoch nur dann entscheiden, wenn er
den Rechtsstreit selbst untersucht hat. Daher denn,
der unglückliche Wahn, als wenn dieß der eigentli=
che Zweck sey, mithin, daß die Menschen im Staa=
te aufgehöret hätten, ihre eigene Richter zu seyn,
und das Urtheil über ihre Sache lediglich einer frem=
den Autorität unterworfen hätten. Seitdem die Men=
schen diesem Wahne gefolgt sind, haben sie aufgehört,
diesen wichtigen Zweig der moralischen Selbstbildung zu
kultiviren, und kennen die Gerechtigkeit nur dem Wor=
te oder dem Ausspruche anderer nach.

Was hat sich denn verändert? der allgemeine
Socialzustand bleibt zwar noch wie bevor (daher
auch der bürgerliche kein Heraustritt aus demsel=
ben, sondern ein weiterer Schritt in demselben
genannt werden muß) aber statt, daß ich sonst allein
mit meinem Gegner einen Streit auszufechten habe,
hat einer von uns die ganze Nationalmasse vom Bei=
stand auf seiner Seite. Hierdurch hat sich freilich

viel

viel verändert, und zwar zu meinem größten Vortheile, wenn ich ein Recht liebender Mensch bin.
Jedoch kommt zu gleicher Zeit auch sehr vieles auf
die Gesellschaft an, mit der ich diesen Verein geschlossen habe. Ist sie rechtschaffen gesinnt, so wird es
im Ganzen gute Wege haben, weil solche nur selten
unrecht handelt. Ist es aber eine Gesellschaft, die
ihre gesammte Macht dem Willen eines bösen oder
kurzsichtigen Gesetzgebers anvertrauet hat, dann wehe
allen Mitgliedern, die in einem solchen Staate leben
müssen; (denn Widersetzlichkeit gegen eine so grosse Macht wäre Unsinn von ihnen). Nichts bleibt ihnen übrig als Ergebung in ein trauriges Schicksal.

In wie ferne konnte nun Kant den noch ver-
einslosen allgemeinen Sozialzustand einen rechtlosen,
und den zu einem bürgerlichen Vereine sich mobifizir-
ten allgemeinen Sozialzustand einen rechtlichen nennen? Rechtlich im eigentlichen Sinne sind beide,
denn ich habe das Recht, in beiden zu leben. Aber
Kant gebraucht hier dieß Wort, das man nicht so
fertig zu allem gebrauchen sollte, in einem ganz neuen
Sinne. Ein rechtlicher Zustand ist Ihm ein solcher,
in welchem man allein seines Rechts theilhaftig werden kann. Wie? kann man im staatslosen Zustande
nicht

nicht auch sein Recht geltend machen? Ja, aber
nur nicht so allgemein und gewiß. Aber wird man
denn auch immer und sicher seines Rechtes in Staaten theilhaftig? Nein, denn die Gesetze, welche
den öffentlichen Beistand bestimmen, sind gar oft ungerecht. Mithin bestehet der Vorzug des bürgerlichen
Zustandes vor dem staatslosen nur allein darin, daß
ich in dem erstern weit mehr in dem Zustande bin,
mein Recht geltend zu machen.

Man kann daher auch mit Kanten nicht füg-
lich sagen, daß der Mensch, wenn er einen bürgerlichen Verein schließet, dadurch in einen rechtlichen Zustand getreten sey. Denn der bürgerliche
Verein ist kein rechtlicher Zustand an sich, d.
i. ein solcher, wo jedem allezeit sein Recht geltend
gemacht wird; sondern nur ein Verein, um diesem grossen von der Vernunft unbedingt
aufgegebenen Zwecke immer näher zu kommen. Beide sind rechtliche Zustände, und sie sind
nur, um bloß mit keinem zweideutigen Worte zu sagen, dadurch verschieden; daß in dem sogenannten
natürlichen Zustand (dem Staatslosen) keine vertrags-
mässige Hülfsmacht noch vorhanden ist; welche in
dem bürgerlichen aber als ein wesentliches Hauptstück

G 5   an-

angetroffen wird. Durch welche Bemerkung, nachdem wir sie in gemeinfaßlicher Sprache ausgedrückt
haben, unsere Leser hoffentlich nichts neues werden
gelernt haben.

20.

S. 165. "Ein jeder Staat enthält drei Gewalten in sich,
d. i. den allgemein vereinigten Willen in dreifacher
Person: die Herrschergewalt, die vollziehende und
die rechtsprechende Gewalt, welche drei Gewalten
(S. 169.) so einander untergeordnet sind, daß
eine nicht zugleich die Function der andern, der sie
zur Hand geht, usurpiren kann."

Kant hat die alte Eintheilung der Staatsgewal-
ten beibehalten, so wie sie einst von dem gemeinen
Menschenverstand, als er auch auf diesen Gegenstand
seine Aufmerksamkeit richtete, vorgenommen worden
ist. Bekanntlich nimmt dieser es nicht so genau bei
Aufstellung der verwandten Dinge, und ihm ist es
mehr um Aufzählung (damit keines fehle) als um
richtige Klassifikazion zu thun, welches letzterer denn
freilich schwerer ist, weil man erst die Geschlechts-
und Gattungsmerkmahle zu unterscheiden gelernt haben muß, ohne welches man gar oft in Gefahr
                                              kommt

kommt, Geschlechter und Gattungen nebeneinander (Mutter und Töchter als Geschwister) zu setzen. Hieraus entstehen sodann theoretische Irrthümer, die um so nachtheiliger werden, wenn man sie in einer so practischen Wissenschaft, wie die vorliegende, zu Schulden kommen lässet.

Die Materie des bürgerlichen Vereines ist nach der doppelten Naturbeschaffenheit des Menschen zweifach. Die Menschen vereinigen sowohl ihre physische Macht als ihre Willenskraft, oder ihr physisch wirksames und ihr gesetzliches Vermögen *). Hieraus entstehen denn die beiden schwesterlichen Grundgewalten: die vereinte physische und die vereinte gesetzgebende Macht. Ohne jene würde diese nicht wirken können; ohne diese jene regellos seyn.

Bleiben wir hier bloß bei der letztern stehen. Diese ist nichts weiter als das Aggregat aller vereinigten Willenskräfte, und ist daher in allen den Staaten nicht zu finden, wo das Volk (die vereinigten Menschen) seinen Willen nicht vereinigen, d. i. Gesetze produziren kann. Da giebt es denn nur eine be-

*) Weitläufig ist diese neue Eintheilung der Staatsgrundkräfte ausgeführt in den "Vorlesungen über Moralpolitik" (1795.) n. 7.

befehlende Macht, und was sonst noch aus dieser
Benennung folgt. — Kein Mensch kann seinen Willen rechtlich veräussern, mithin auch kein Volk.

Folglich kann auch niemand Gesetze geben,
als das Volk. Was aber rechtlich erlaubt ist, ist
dieses, daß es sich Gesetzentwerfer wählen kann,
diese mögen Titel führen, wie sie wollen. Was diese entwerfen, ist bloß Gesetzentwurf, und wird
erst Gesetz, wenn es sanctioniret wird, d. h. wenn das
Volk gehörig erkläret, dasselbe sey seinem Willen gemäß.

Die Anstellung eines solchen gesetzentwerfen-
den Korps ist in der Idee von einer vollkommenen
Staatsgesellschaft nicht unbedingt enthalten, sondern
nur auf den Fall eingeschränkt, wenn entweder ein
Volk zu allgemeinen Berathschlagungsversammlungen
zu zahlreich wird, oder Männer von tieferer Einsicht
als Räthe hierbei (wie Athen den Solon) nöthig
hat.

Dieses gesetzentwerfende Korps ist nur ein Aus-
fluß von der gesetzgebenden Macht, so wie es alle
Theile der Staatsverwaltung sind. Aber eben hieraus
erhellet auch, daß man die gesetzgebende, gesetzentwerfende, gesetzvollstreckende Macht nicht als Gattungen
ne-

nebeneinander stellen darf. Die gesetzgebende Macht
ist die Muttermacht (Hauptgattung) die gesetzvollstreckende (exekutive) und die richterliche sind nur
Unterarten*). Oder wenn man es sich noch auf eine andere Weise vorstellen will: der Gesammtwille
ist in seiner Thätigkeit stets gesetzgebend d. h. alles
hat gesetzliche Autorität, was er will; ist er bloß
mit Ausführung des bereits beschlossenen beschäfftiget,
so setzet er sein Begehren nur fort; wird er zum
Schutze gegen Ungerechtigkeit requiriret, so untersucht er, ob der Fall so beschaffen ist, und führt seinen gesetzlichen Beistand aus.

Aus dieser Darstellung erhellet zugleich, daß es
nicht schlechterdings nöthig sey, zu den beiden letzten
Zweigen des Gesammtwillens Repräsentanten zu haben. Ist die Gesellschaft klein, so kann sie ihren
Willen wohl selbst vollstrecken, und selbst untersuchen,
welche von dem sie um Beistand anrufenden Partheien
dazu das Recht habe. Nur bedingt nothwendig ist
dieses, wenn nämlich eine Staatsgesellschaft zu zahlreich wird, und der Geschäfte dadurch so viel werden,

---

*) Letztere macht eigentlich nur einen Theil der exekutiven
Macht aus, wenn man die weitere Eintheilung mit
Genauigkeit vornehmen will.

ben, daß diese nicht alle von ihr bestritten werden
können. Sie nimmt alsdann Diener ihres Willens an, durch welche sie handelt; und welche
ihren Privatwillen nie dem Gesammtwillen
unterschieben dürfen.

Wir müssen es nunmehr unsern Lesern zu beur-
theilen überlassen: in wie ferne man behaupten könne, daß keine dieser Mächte die Function der andern usurpiren kann. Wahr kann dieß doch nur in
so weit seyn, als Kant damit sagen wollte: wenn
der Gesammtwille nur mit Aufstellung bleibender Gesetze beschäfftiget ist, so ist er nicht mit Vollziehung
derselben beschäfftiget; wenn er mit Ausführung seines Hauptzweckes, mit Beistandsleistung des Unrecht
Leidenden zu thun hat, so ist es kein anderer Zweck
seines Vereins. Wahr kann dieß nur in so weit seyn,
als die Staatsdienerschaft, unter welche der
Nazionalwille diese Geschäffte nach den Grundsätzen
einer zweckmässigen Organisazion vertheilet hat, in
diesen ihren gesetzten Grenzen bleiben muß. Aber
nicht wahr, wenn Kant damit sagen will, daß
die Staatsgesellschaft selbst nicht alles selbst seyn
kann, da sie ja doch alles in allem ist. Mithin wird
hiermit auch dem widersprochen, was derselbe S.
176.

III

176. behauptet, daß der Souverän (die gesammte Staatsgesellschaft) nicht Selbstrichter seyn kann. Das muß er um so viel mehr seyn, als schon jeder einzelne Mensch Selbstrichter in seiner Sache ist. Quod quis per alium facit, ipse fecisse putatur.

12.

S. 168. "Der Act, wodurch sich das Volk selbst zu einem Staat konstituirt, ist der ursprüngliche Kontract, nach welchem alle (omnes et singuli) im Volk ihre äußere Freiheit aufgeben, um sie als Glieder eines gemeinen Wesens, d. i. des Volkes als Staat betrachtet (universi), so fort wieder aufzunehmen, und man kann nicht sagen: der Staat, der Mensch im Staate, habe einen Theil seiner angebohrnen äußern Freiheit aufgeopfert, sondern er hat die wilde gesetzlose Freiheit gänzlich verlassen, um seine Freiheit überhaupt in einer gesetzlichen Abhängigkeit, d. i. in einem rechtlichen Zustande unvermindert wieder zu finden; weil diese Abhängigkeit aus seinem eigenen gesetzgebenden Willen entspringt."

Man sieht aus dieser Stelle, daß Kant nicht mit unsern alten Orthodoxen des Naturrechts behaupten möchte: daß der Mensch einen Theil seiner allgemeinen Sozialfreiheit mit seinem Eintritt in einen bürgerlichen

chen Verein verliehre. Gleichwohl folgt dieß aus seinen bisher aufgestellten Grundsätzen. Daher mag
denn die sichtbare Verlegenheit kommen, sich über
dieses Thema genau bestimmt zu erklären. Oben
sagt er, das Volk gebe seine äussere Freiheit auf;
in der Mitte wieder, man könne dieses nicht sagen;
und am Schlusse; er gebe sie als eine wilde, gesetzlose (d. i. als eine in einem noch staatslosen Zustande befindliche) Freiheit gänzlich auf. Doch
setzt er hinzu, daß solche nicht verloren sey, sondern daß er sie wieder erhalte. Wodurch? daß er
jetzt in einer gesetzlichen Abhängigkeit (folglich
nicht Unabhängigkeit, Freiheit) stehe; denn diese
sey ein Act seiner Freiheit, sey aus seinem eigenen
gesetzgebenden Willen entsprungen. Man vergleiche
hiemit die Kantische Deduction des Rechtes, jeden
zu zwingen, mit ihm in eine Staatsgesellschaft zu
treten.

Der Mensch giebt in Wahrheit nichts von seiner
ihm durch das Sozialgesetz beigemessenen Freiheit
(unabhängigen Gebiete, Inbegriff seiner Rechte, oder
der rechtlichen Möglichkeit zu handeln — natürlichen
Freiheit —) auf, wenn er in einen rechtlichen d. i.
auf diese Freiheit gegründeten Staatsverein tritt. (wozu

zu nur ein Vereinigungsact gehört); wohl aber
in solche, die nicht von dem Prinzip ausgehen, daß
der Staat ein Verein zur Freiheit durch Freiheit
sey, sondern einen Act der Unterwerfung verlangen. Im erstern Falle verliert er nicht nur nichts
an seiner natürlichen Freiheit, sondern er gewinnt
noch für dieselbe mehrere Sicherheit ihres Genusses.
Doch dieses kann man nur behaupten, wenn man
unsere aufgestellte Theorie von der Natur der öffentlichen richterlichen Schutzanstalt annimmt. Bekennet
man sich aber zu der Kantischen, nach welcher eine
Gesellschaft das Recht (statt der nach unserer Theorie hier eintretenden Verbindlichkeit) hat, erst
zu bestimmen, wer das Recht in einer Streitsache
auf seiner Seite haben soll; mithin jeder auf sein
Recht als Selbstrichter Verzicht leisten, und die Pri-
vatvernunft vor der Nationalvernunft verstummen
muß: so muß man allerdings zugeben, daß der Mensch
einen Theil seiner Freiheit verlieret und zwar eines
seiner schönsten Rechte, seine Vernunft selbst über
Recht entscheiden zu lassen. Jetzt ist nicht mehr recht,
was diese für gültig hält, sondern was eine Gesellschaft will, daß es gelten soll, wenn es auch mit
dem höchsten Sozialgesetze (obersten Rechtsprinzip)
im Widerspruche stehet. Denn jetzt ist an die Stelle

H   die-

dieses Prinzips der Gesammtwille als justitia distributiva getreten, so wie solche an unsern deutschen Rathshäusern gewöhnlich mit der Waage, der Binde und dem Schwerdte, gar stattlich abkonterfeiet zu sehen ist.

22.

G. 173. Allgemeine Bemerkung von den rechtlichen Wirkungen aus der Natur des bürgerlichen Vereins.

Unsere Achtung für Kant ist zu groß, als daß wir uns auf eine Kritik der unter dieser Rubrik aufgestellten Sätze einlassen können, welche so mancherlei Empfindungen in uns rege machte, und die gewiß viele Leser mit uns theilen werden. Wir wollen glauben, Kant mußte aus guten Gründen diese Anmerkung zu seinen Elementen des öffentlichen Rechts hinzufügen, und daß sie auch, von einer gewissen Seite betrachtet, lauter Wahrheit enthalten. Nämlich, wenn die Menschen konsequent handeln wollen, so müssen sie auch ihnen als wahr aufgestellten Grundsätzen folgen. Nehmen sie an, daß das Volk nicht mehr souverän sey, sondern ein Anderer, dem es sich unterworfen hat: so hat es keinen Gesammtwillen, keine wirkliche gesetzgebende Vernunft mehr

mehr. Dieſes andern Wille iſt der Nationalwille; dieſes andern Vernunft iſt die Nationalvernunft (die an die Stelle der vereinigten geſetzgebenden Kräfte getretene Privatwillkühr). Nun "darf das Volk nicht anders urtheilen, als das gegenwärtige Staats- oberhaupt es will" wir fügen hinzu: auch nichts anders glauben und thun, als was dieſes erlaubt oder befiehlt. Einen ſolchen Oberherrn kann auch das Volk nicht vor Gericht ziehen ohne mit ſeinem politiſchen Glauben im Widerſpruche zu ſtehen. Von ihm gilt, was Kant S. 174. behauptet, daß der Herrſcher gegen den Unterthanen lauter Rechte, und keine Zwangspflichten habe; folglich ſchlechterdings nie unrecht thun kann. Denn würde er dieſes thun können (nicht infallibel ſeyn), ſo würde ja ſo- dann das Zwangsrecht gegen Unrecht eintreten. Kurz es gilt, was Schiller dort von einem neuen Herr- ſcher ſagt:

Ein ungeheurer Spalt
Reißt vom Geſchlecht der Sterblichen ihn los,
Und Gott iſt heut, wer geſtern Menſch noch
war.

H 2   23.

23.

S. 197. "Welche Art aber und welcher Grad der Bestra=
fung ist es, welche die öffentliche Gerechtigkeit sich
zum Princip und Richtmaße macht? Kein anderes,
als das Prinzip der Gleichheit (im Stande des Züng=
leins an der Wage der Gerechtigkeit), sich nicht mehr
auf die eine, als auf die andere Seite hinzuneigen.
Also: was für unverschuldetes Uebel du einem An=
dern im Volke zufügst, das thust du dir selbst an."

Bei dieser Stelle war es, wo wir herzlich er=
schrocken sind. Der Irrthum eines viel geltenden
Mannes, ist schon in scientivischer Hinsicht ein gros=
ses Uebel; betrifft er vollends einen practischen Lehr=
satz, so ist sein Einfluß noch mehr zu beklagen. Der
gegenwärtige wird viele hundert Menschen zum Tode
befördern. Darum sind wir so herzlich erschrocken,
und konnten die Träne der Menschlichkeit nicht zurück
halten, weil dieß einer von den wenigen Fällen ist,
wo auch der Philosoph Tränen vergießen darf.

Die Gerechtigkeit darf keine Person mehr als die
andere ansehen; sie sind vor ihr alle gleich. Dies
ist die richtige Darstellung des Prinzips der Gleich=
heit. Ein Mensch gilt vor ihr, was der andere auch
gilt

gilt. Beide halten sich als freie Vernunftwesen auf
den Waagschalen das Gleichgewicht.

Den alten Satz: Auge um Auge, Zahn um
Zahn hat nur die morgenländische Nachsucht der Gerechtigkeit in den Mund gelegt.

Ehe man schnell zur Aufstellung des Prinzips der
Bestrafung schreitet, muß man vorher wohlbedächtig
(denn es gilt hier Menschenleben) untersuchen, ob
denn der Mensch das Recht habe, den andern zu be-
strafen? Und dann: wie weit die Grenzen dieses
Rechtes gehen? Der Grundsatz, welcher aus dieser
Untersuchung hervorgehen wird, muß das gesuchte
Prinzip der Bestrafung seyn.

Jedem Menschen ist durch das höchste Sozialgesetz
ein unabhängiges Gebiet freier Wirksamkeit in der
Gemeinschaft (dem Sinnenreiche) zugemessen. Alle
Handlungen fallen entweder in dieses Gebiet, und
sind dann rechtlich; oder sie fallen über die Grenzen
hinaus ins nachbarliche Gebiet, und beeinträchtigen
denselben. Letztere sind ungerechte Handlungen, die
ich von meiner Seite nicht vornehmen; und die mein

Nach-

Nachbar als ungebührlich zurückweisen darf, um sein unabhängiges Gebiet zu verwahren.

Jedes Zwangsmittel, welches ich hierbei anwende, heißt Strafe; und weil jeder Zwang ein Uebel ist, so kann man sie auch als ein Uebel beschreiben, welches man dem andern anthut, um ihn von Unrecht abzuhalten. — Das Strafrecht ist daher nicht nach Kant das Recht des Befehlshabers gegen den Unterwürfigen, (immer erscheint die fatale Unterwürfigkeit wieder!) ihn wegen seines Verbrechens mit einem Schmerz zu belegen; sondern das Recht, Zwangsmittel gegen jeden zu gebrauchen, der unrecht handelt. Dieses Recht hat jeder einzelne Mensch, so wie jede Staatsgesellschaft, die nur sich der Unrechtleidenden annimmt, und über jeden, der einen ungerechten Sinn bezeigt, Mittel der Sicherheit beschließt.

Wie weit darf denn dieses Recht gehen? Offenbar nur so weit, als sich eine ungerechte Handlung in dem Gemeinreiche erstreckt. Jede Strafe soll nur Sicherheit gewähren. Was noch in dem Umfange der Bedingungen hierzu liegt, dazu ist man berechtiget. So bald die Strafe aber sich weiter erstreckt,

als auf das Gefahr leidende Gebiet: so ist die Strafe ungerecht.

Das Prinzip der strafenden Gerechtigkeit lautet
daher: Jedem muß so viel Uebel zugefügt
werden, als es nöthig ist, um ihn von der
gewaltsamen Störung fremder Gebiete
freier Wesen abzuhalten.

Ist das Uebel geringer, so ist die Gerechtigkeit
nicht in voller Wirksamkeit; ist das Uebel stärker,
so wird die Gerechtigkeit selbst Ungerechtigkeit. Hierbei ist die Waagschale nöthig, um Strafe und Zweck
(das Schwerdt und die gesetzliche Sicherheit) abzu-
wiegen. Weil sich aber diese Untersuchung zugleich in
eine Untersuchung der moralischen Denkweise (der
Imputazion) verlieret, wobei man das Gewisse dem
Ungewissen vorzuziehen das Recht hat: so wird die
Gerechtigkeit von dem philosophischen Künstler unter
menschlicher Gestalt vorgestellt, damit anzuzeigen:
daß man dabei menschlich seyn und nicht immer auf
seinem Rechte bestehen soll, weil wir über unsere
Rechte das freie Disposizionsrecht haben, und von
der Moral gar oft so gar angewiesen werden, solche

nicht

nicht geltend zu machen, sondern mit denselben der
Pflicht ein liebliches Opfer zu bringen.

Angewandt das Prinzip der Gerechtigkeit auf To-
desstrafen: so lässet sich ihre rechtliche Möglichkeit
keinesweges läugnen; sondern sie müssen allerdings
in die Reihe der Uebel, welche nothwendige Sicher-
heitsmittel sind, mit aufgestellet werden. Aber nicht
so ganz vorschnell muß in dieser höchstbedenklichen
Sache geurtheilet werden: daß man auf gut altte-
stamentlich ausruft "wer Menschenblut vergießt,
des Blut soll wieder vergossen werden". Ueberhaupt
kann die Zulässigkeit der Todesstrafe nicht aus der
That selbst unmittelbar gefolgert werden; sondern sie
gehet erst aus dem auf sie angewendeten Prinzip hervor, mag die ungerechte That heißen, wie sie will.
Wir gehen hierbei sogar so weit, daß wir behaupten,
daß sie auch in den allerkleinsten Fällen statt finden
darf, so bald sie dem Gerechtigkeitsprinzip entspricht.
Kant kann daher uns das nicht Schuld geben, was
Er etwas hart von dem edeln Beccaria sagt: daß
seine Behauptung von der Unrechtmäſſigkeit der To-
desstrafen "aus theilnehmender Empfindelei einer af-
fectirten Humanität" entsprungen sey. Aber es kann
uns auch von der andern Seite nicht Mangel an dem
sanf-

sanften Menschheitsgefühle Schuld gegeben werden, denn wir dürfen uns nur auf das oben angeführte Gemählde der menschlich seyenden Gerechtigkeit berufen.

Todesstrafe ist das größte Uebel, welches ich jemanden zufügen kann, weil der Mensch mit demselben sein Daseyn auf der Welt nebst allen Rechten und Vortheilen, welche daran geknüpft sind, verlieret. Folglich kann sie nur dann statt finden, wenn durch ein geringeres Uebel die gestöhrte Sicherheit nicht hergestellet werden kann. Wir sind daher befugt, den Straßenräuber zu tödten, wenn wir durch kein anderes sicheres Mittel uns und unsere Habe vor ihm retten können. Kann ich mich aber, zumahl mit Hülfe anderer seiner bemächtigen, und alsbann in sichere Verwahrung bringen: so würde ich die Grenzen der Zwangsbefugniß gegen ihn zu weit ausdehnen, wenn ich ihm ein grösseres Uebel anthun wollte, als seine Freiheit auf ein so kleines, abgesondertes Gebiet einzuschränken, von wo aus nichts mehr von ihm zu befürchten ist.

Wer gemordet hat, hat das schrecklichste gethan, was ein Mensch je verbrechen kann. Das Vernunft-

H 5   we-

wesen erscheint in einer scheußlichern Gestalt, als eine Hydne. Dieß ist sowohl der Fall, wenn der Mensch weiß, daß morden unrecht ist; als auch, wenn er mit bloß vermeintlichen Rechte mordet. Vor beiden Klassen von Menschen hat man sich zu fürchten, und oft vor der letztern mehr als vor der erstern. —

So bald jemand einen Mord begangen hat, so sind alle Menschen befugt, ihn zu strafen d. i. solche Zwangsmittel gegen ihn zu gebrauchen, wodurch sie ihr Leben vor einem so lebensfeindlichen Geschöpfe in Sicherheit bringen. Welches Zwangsmittel das hinreichendste ist, das müssen die Umstände ergeben. Das höchste Strafgesetz verordnet nur, daß die Strafe dem Verbrechen angemessen, d. i. kein grösseres und kein geringeres Uebel, als nöthig sey. Ist die Todesstrafe der That des Mörders nicht angemessen, indem durch ein geringeres Uebel die nöthige Sicherheit wieder hergestellt werden kann; so ist solche, wenn solche auch von kaltblütigen Richtern ausgesprochen wird, eine ungerechte That.

Aber, wird man sagen, durch sichere Verwahrung eines Mörders wird zwar dem fernern Morden

besdesselben Einhalt gethan, jedoch geschieht dann nichts, um die von ihm begangene Missethat wieder gut zu machen. — Jeder andere Schade beinahe, kann wieder ersetzet, und das mit demselben eben so lange fortdauernde Unrecht wieder aufgehoben werden. Aber, das Leben kann man nicht ersetzen, weil man weder jemand ins Leben zurückrufen, noch einem verstorbenen einen Schadenersatz anbieten kann. In jener Welt mögen sich der Gemordete und der Mörder darüber ausgleichen. — Was das Interesse der übrigen Menschen in Absicht dieses erlittenen Verlustes eines Mitmenschen betrifft: so wird dieses nicht dadurch befriediget, daß aufs neue ein Mensch getödtet werde. Es wäre diese Handlung mit jener eines Menschen zu vergleichen, welcher einen Theil seines Vermögens durch Unglück verloren hat, und nun einen andern Theil davon freiwillig vernichtete, um seinen gerechten Unwillen darüber zu erkennen zu geben. Konsequenter läßt in dieser Hinsicht der Verfasser des Traktmor seine Staatsgesellschaft handeln, welche einem solchen Mörder die Verbindlichkeit auferlegt, einem Menschen, der in Gefahr kommt, das Leben zu retten.

Ein Beweis der Gültigkeit des von uns aufgestellten Bestrafungs-Prinzips ist die Allgemeinheit seiner Anwendung, die durchaus keine Ausnahmen nöthig macht. Das Kantische oder vielmehr alttestamentliche Prinzip hingegen leidet überall Ausnahmen wegen solcher Umstände, die mit der That verbunden sind, daß sie unter jene allgemeine Regel nicht gebracht werden kann. Daher ist auch Kant genöthiget worden, S. 201. Ausnahmen anzunehmen, und es dem Nothfalle anheim zu schieben, der bekanntlich im Nothfalle selbst dem Theoretiker unentbehrlich ist. Dahin rechnet er auch S. 205. die Duelle, deren Bestrafung von Seiten des Staates Ihm Ungerechtigkeit ist. Wer darüber gelesen hat, was Rousseau und neuerdings Hennings davon geschrieben haben, kann diese Vertheidigung für nichts weiter halten, als für eine Gefälligkeit gegen das Militär, von welchem der Philosoph umgeben ist und denen sich gefällig zu erhalten, Er seine gute Gründe haben mag.

Wir schlieſſen dieſe Anmerkung mit der Verſiche-
rung der innigſten Ehrfurcht gegen dieſen groſſen Lehrer, und bekennen uns mit dankbarer Rührung zu
deſſen Schule, ob wir gleich demſelben ſo oft zu wider-
ſprechen in dieſer Schrift für nöthig gefunden haben.
Es iſt Sein Geiſt, der in ſeinen Schülern wirket,
und ſie weiter zu aller Wahrheit leiten wird, die
Er ſelbſt, der groſſe Meiſter nicht überall ergründen
konnte, ſondern ſich begnügen mußte, den Weg dazu gebahnet und vor Irrthum geſichert zu haben. Die
Schranken, welche Ihm hienieden nur ſein Alter ſe-
ßen konnte, wird Er bereinſt in jener Welt mit ver-
jüngten Kräften ſich eröffnen, und dann ſich freuen,
auf dieſer Erde nicht bloße Nachbeter hinterlaſſen zu
haben, ſondern ſolche Schüler, die, ſo lieb ſie ihren groſſen Lehrer haben, doch die Wahrheit noch in
höhern Ehren halten, und dadurch in Ausbreitung
des Reiches derſelben unermüdet ſind.

www.ingramcontent.com/pod-product-compliance
Lightning Source LLC
Chambersburg PA
CBHW020411030726
47496CB00007B/2409